T0048928

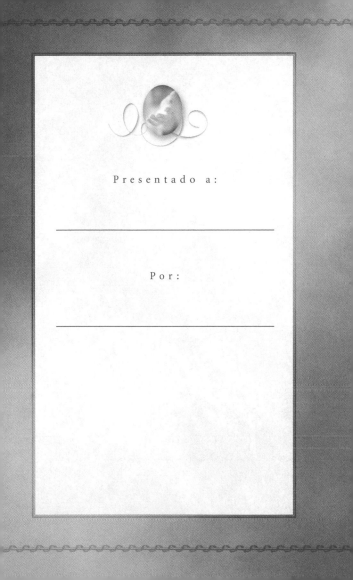

Presentado a:

_____

Por:

_____

Reflexiones *para* cada día *del* año

Sarah Young

Jesús
te llama

Disfruta de paz *en* su Presencia

GRUPO NELSON
Desde 1798

Para otros materiales, visítenos a:
gruponelson.com

© 2010 por Grupo Nelson®

Publicado en Nashville, Tennessee, Estados Unidos de América.
Grupo Nelson, Inc. es una subsidiaria que pertenece
completamente a Thomas Nelson, Inc.
Grupo Nelson es una marca registrada de Thomas Nelson, Inc.
www.gruponelson.com

Título en inglés: *Jesús te llama*
© 2004 por Sarah Young
Publicado por Thomas Nelson, Inc.
Nashville, Tennesse, Estados Unidos de América

A menos que se especifique, las citas bíblicas usadas en este libro
se han tomado de la Santa Biblia, Nueva Biblia al Día
© 2006, 2008 por la Sociedad Bíblica Internacional®.
Usadas con permiso. Todos los derechos reservados mundialmente.

Citas bíblicas marcadas «RVR1960» son de la Santa Biblia,
Versión Reina-Valera 1960 © 1960 por Sociedades Bíblicas en América
Latina, © renovado 1988 por Sociedades Bíblicas Unidas. Usada con
permiso. Reina-Valera 1960® es una marca registrada de la American
Bible Society y puede ser usada solamente bajo licencia.

Editora General: *Graciela Lelli*
Traducción: *Eugenio Orellana*
Adaptación del diseño al español: *www.Blomerus.org*

ISBN: 978-1-60255-419-1 (Rústica)
ISBN: 978-1-60255-917-2 (Tapa dura)

Impreso en Estados Unidos de América
23 24 25 26 27 VER 20 19 18 17

DEDICO *JESÚS TE LLAMA* A MI MADRE

cuyo estímulo me inspiró para perseverar en la preparación
de este libro. Su apoyo me lo manifestó en maneras
conmovedoras. Mantuvo mis manuscritos en su mesa de
noche para poderlos leer por las mañanas. En una ocasión,
mientras me encontraba viajando, me hacía preguntas casi
diarias a través del fax. Después que murió a consecuencia de
un cáncer, encontré porciones de mis escritos que había
copiado a mano en su diario. Esta madre, que oró por mí en
las buenas y en las malas incluyendo años de rebelión, abrió
de par en par su corazón a mis escritos. Su deseo tantas veces
expresado de escribir libros para niños nunca llegó a ser una
realidad. Pero hay un sentido en el que ella ha escrito —a
través de mí— este libro.

¡GRACIAS, NANI! TU LEGADO SIGUE VIVO.

Introducción

Jesús te llama

La primera vez que sentí la Presencia de Dios ocurrió en una forma de exquisita belleza. Me encontraba viviendo y estudiando en una comunidad cristiana de una pequeña villa en los Alpes franceses. Se trataba de una subsede de L'Abri, un ministerio internacional comenzado por Francis y Edith Schaeffer en Suiza. Durante mi estada en L'Abri me gustaba explorar los alrededores de la villa. A la hora del mediodía, el sol calentaba lo suficiente como para darse un baño no obstante que la gruesa capa de nieve tardaba en derretirse. El reflejo de los rayos del sol en la blancura de la nieve parecía estar limpiando mi mente de la oscuridad que me había mantenido cautiva durante años.

Diariamente me gustaba ascender a un cerro desde donde tenía una vista que deleitaba mi alma. Mientras permanecía en la cumbre, podía dejarme absorber por un panorama de una belleza indescriptible. Allá abajo, a mis pies, estaba la villa que había llegado a ser mi hogar. Vista desde la altura, se veía dominada por la torre alta de una iglesia. Al volverme en un giro de 180 grados, podía ver a lo lejos el lago Ginebra, enviando destellos como mensajes provocados por los reflejos de los rayos solares. Al mirar hacia arriba, veía los picos congelados de las montañas alpinas rodeándome. Al dar vueltas y vueltas sobre mí misma absorbía mucho más de lo que mis ojos y mi mente finita podían procesar.

Como hija de un profesor universitario, siempre me alentaron a que leyera y a que pensara por mí misma. Me había graduado en filosofía en Wellesley College y casi había completado los estudios para obtener una maestría en Tufts University. Unos pocos meses antes, mi hermano me había pedido que leyera el libro de Schaeffer *Huyendo de la razón*. Para mi sorpresa y deleite, aquel pequeño libro tenía las respuestas a una cantidad de preguntas que yo había decidido hacía tiempo que eran incontestables. Fue la integridad intelectual de la enseñanza de Schaeffer lo que me llevó a ese lugar. Aunque lo que me había llevado hasta allí era la búsqueda de la verdad, fue la gloriosa creación de Dios lo que me ayudó a abrir mi corazón a Él.

Una noche decidí salir del cómodo ambiente del chalet donde vivía y caminar, sola, por las montañas nevadas. Me interné en una zona boscosa, sintiéndome vulnerable y, a la vez, sobrecogida por el frío y la luz plateada de la luna. Me dolía un poco la garganta al aspirar el aire tan seco y puro. De repente, sentí como si una tibia neblina me envolviera. Sentí una amorosa Presencia y mi reacción espontánea fue exclamar: «Dulce Jesús». Decir esto era absolutamente contrario a mi modo de ser y de verdad me sorprendí al oír con la ternura con que me dirigía a Jesús. Al pensar en esta breve comunicación, entendí que era la reacción de un corazón convertido; en ese momento, entendí que le pertenecía a Él. Esto estaba mucho más allá de la respuesta intelectual que había estado buscando. Esto era una relación con el Creador del universo.

Al año siguiente, ya de vuelta en los Estados Unidos, tuve un nuevo encuentro con la Presencia de Jesús. Mi relación sentimental no andaba bien, lo que me hacía preguntarme si ser cristiano hacía mucha diferencia en la calidad de mi vida.

En ese tiempo trabajaba como escritora técnica en Virginia. Un día, mi jefe me anunció que quería que fuera a Atlanta para asistir a una conferencia. Lo acepté como parte de mi trabajo y sin mayor entusiasmo hice los arreglos para mi hospedaje en un hotel. Ya en Atlanta y sola en mi cuarto me sentí inundada por un fuerte sentimiento de soledad. Salí a la calle y, tratando de superar ese sentimiento, me puse a caminar sin rumbo fijo. Me detuve ante una mesa de libros instalada al lado de afuera de un negocio y mis ojos se detuvieron en *Beyond Ourselves*, de Catherine Marshall. Esa noche me lo leí. Y ya no me volví a sentir sola. Me arrodillé al lado de mi cama y sentí una abrumadora Presencia de paz y amor que me cubría por completo. Entendí que Jesús estaba conmigo y que simpatizaba con mi angustia. Sin ninguna duda que este era el mismo «dulce Jesús» con quien me había encontrado en los Alpes.

Durante los siguientes dieciséis años viví lo que muchos considerarían una vida cristiana ejemplar. Fui al *Covenant Theological Seminary* en St. Louis donde me gradué en consejería y estudios bíblicos. Estando allí conocí a mi esposo, Steve, cuyos padres y abuelos habían sido misioneros en Japón. Después de graduarnos, pasamos dos periodos de cuatro años en Japón trabajando en el establecimiento de iglesias. Durante el primer año nos nació una niña y estando en los Estados Unidos de vacaciones, nació nuestro hijo varón. Una vez finalizado nuestro segundo periodo, volvimos por tres años a los Estados Unidos. Vivimos en Atlanta, donde Steve trabajó con una iglesia japonesa local y yo hice más estudios en consejería en Georgia State University.

Como parte de mi entrenamiento, trabajé en un centro cristiano de consejería en el área de Atlanta. Disfruté mi experiencia ayudando a mujeres maltratadas a encontrar sanidad en Cristo. También me sentí agradecida por mi esposo, tan amable y cariñoso y por nuestros dos preciosos hijos, todos los cuales eran el gozo de mi vida. No obstante, ni una vez durante esos dieciséis años sentí vívidamente la Presencia de Jesús.

En el verano de 1990 empecé una nueva búsqueda. La inicié sumergiéndome en la lectura de un libro devocional, *The Secret of the Abiding Presence* por Andrew Murray. El tema de este libro es que la Presencia de Dios debe ser algo continuo en la vida del cristiano. Murray insiste en la importancia de pasar tiempo a solas con Dios en una comunión apacible e ininterrumpida.

Comencé a leerlo como una forma de usar un tiempo para instruirme en la vida. Nos encontrábamos esperando la visa que nos permitiera viajar a Australia y comenzar una iglesia entre los japoneses que vivían en Melbourne. Había renunciado a mi trabajo para preparar el viaje, de modo que me encontraba en un periodo de ajuste por haber dejado mi trabajo de tiempo completo como consejera. En medio de este periodo de cambios, empecé a buscar fervientemente la Presencia de Dios. Comenzaba el día a solas con Dios. Me aprovisionaba de mi Biblia, mi libro devocional, mi diario de oración, lápiz y café. Mientras esperaba en su Presencia, Dios empezó a revelárseme. Una hora o dos a solas con Él me parecían demasiado poco.

Las dudas que tenía por ese tiempo me hacían buscar más de cerca a Dios. Mi esposo y yo no sabíamos el tiempo que tomaría el recibir nuestras visas, por lo que la espera parecía prolongarse en forma indefinida. Durante ese tiempo tuve que someterme a cuatro cirugías, incluyendo dos por melanomas. Un versículo bíblico que me acompañó durante todo ese tiempo de angustiosa espera estuvo conmigo también durante el viaje que parecía interminable a Australia: «En gozo y paz vivirán. Montes y collados, árboles del campo, todo el mundo que los rodea, se regocijará» (Isaías 55.12).

Nos establecimos en Australia y comenzamos nuestro ministerio doble. Yo apoyaba a Steve en fundar la primera iglesia japonesa jamás levantada en Melbourne mientras que mi ministerio principal estaba enfocado en ofrecer consejería a las mujeres australianas, algunas de las cuales venían después de padecer terribles abusos y esclavitud espiritual.

Nuestros ministerios combinados sometieron a nuestra familia a una tremenda guerra espiritual. Yo oraba cada mañana pidiendo protección. Una mañana en que me encontraba orando visualicé la protección de Dios a cada uno de nosotros. Vi primero a nuestra hija, luego a nuestro hijo y luego a Steve cubierto con la Presencia protectora de Dios. Se presentaba ante mi vista como una luz dorada. Cuando pedí por mí, de repente me vi envuelta en una luz brillante y una paz infinita. Perdí el sentido del tiempo y experimenté la Presencia de Dios en esta manera poderosa. No había buscado experimentar algo así pero cuando la tuve, la recibí con gratitud fortaleciéndome en gran manera.

Solo uno o dos días más tarde, una paciente de consejería, sobreviviente de incesto, empezó a recordar experiencias de abusos, rituales satánicos. Esta forma de adoración a Satanás envuelven a las víctimas (que a menudo son jóvenes) a degradantes torturas. Mi valerosa paciente y yo entramos juntas a las oscuridades de sus memorias. Pero Dios me había preparado para entrar en esas oscuridades tan densas, primero, bañándole en su luz gloriosa. Me di cuenta en ese momento que experimentar la Presencia de Dios no solo era para mi beneficio sino que también me capacitaba para poder ayudar a otros.

Durante aquel mismo año (1992) empecé a leer *God Calling* (*El llamado de Dios*) un libro devocional escrito por dos «oyentes» anónimas cuya estrategia era esperar, en silencio en la Presencia de Dios, lápiz y papel en mano para anotar los mensajes que recibían de Él. Los mensajes los escribían en primera persona con el pronombre personal «Yo» para designar a Dios. Mientras vivía en Japón alguien me había mandado ese libro desde los Estados Unidos. No lo había leído sino hasta ahora, aunque lo había llevado conmigo en todos los cambios internacionales de domicilio que habíamos tenido. Seis o siete años más tarde, este pequeño volumen se transformó en un preciado tesoro para mí. Encajaba admirablemente bien con mis ansias de vivir en la Presencia de Jesús.

Al año siguiente empecé a preguntarme si yo también podría recibir mensajes durante mi tiempo de comunicación con Dios. Por años, había llevado mi diario de oración pero eso era solo comunicación en una vía. Todo lo que se decía lo decía yo. Sabía que Dios se comunicaba conmigo a través de la Biblia pero yo ansiaba más. Mi deseo de saber lo que Dios tenía que decirme personalmente aumentaba gradualmente. Así es que un día decidí escuchar a Dios con lápiz y papel en mano escribiendo todo lo que creía que Él me estaba diciendo. La primera vez me sentí torpe pero recibí un mensaje. Era breve, bíblico y apropiado. Se refería a cosas que eran corrientes en mi vida: confianza, miedo y cercanía a Dios. La respuesta la escribí en mi diario de oración.

Se empezaba a producir el cambio de monólogo a diálogo. Pronto, los mensajes empezaron a fluir más libremente, así es que me procuré un computador portátil para guardar todas las palabras. Esta nueva manera de comunicación con Dios se transformó en lo más importante de mi día. Era consciente que no se trataba de mensajes inspirados al mismo nivel que las Escrituras pero me ayudaban a vivir más cerca de Dios.

Los mensajes han seguido llegando cuando medito en Él. Mientras más difíciles sean mis circunstancias, más necesito estas instrucciones de parte de mi Creador. Sentarme en silencio en la Presencia de Dios es tan importante como escribir lo que obtengo de este tiempo de meditación. De hecho, algunos días simplemente me siento con Él por un rato sin escribir nada. Durante este tiempo con Dios puedo experimentar la «plenitud de gozo» en su Presencia (Salmo 16.11, RVR1960) o simplemente disfrutar de su amable compañía y recibir su paz. Durante los años que he estado escuchando a Dios con lápiz y papel en la mano he encontrado que son mucho más frecuentes en mis escritos los temas sobre su paz. Estoy segura que esta tendencia refleja, en parte, mi necesidad personal. Sin embargo, cuando logro conocer a las personas, me doy cuenta que la mayoría de ellas anhelan el bálsamo de la paz de Jesús.

Un versículo que ha cambiado muchas vidas es: «¡Silencio! ¡Sepan que yo soy Dios!» (Salmo 46.10). «Silencio», en este caso, es sinónimo de quieto. Y otras formas de decir lo mismo incluyen: «¡Relájate!», «¡Vamos!», «¡Deja de afanarte!». Esta es una invitación amable de Dios para formular nuestras necesidades y buscar su Presencia. Para mí, que Dios anhela estos momentos de quietud con nosotros incluso más que lo que lo deseamos nosotros. También creo que Él aún habla a quienes quieren oírlo (Juan 10.27) y yo dependo continuamente de la ayuda del Espíritu Santo en esto. Como J.I. Packer escribe en su libro *Your Father Loves You*, «Dios… guía nuestras mentes cuando pensamos en su Presencia».

Esta práctica de escuchar a Dios ha hecho crecer mi intimidad con Él más que cualquiera otra disciplina espiritual, por lo cual quiero compartir algunos de los mensajes que he recibido. En varias partes del mundo, los cristianos parecen estar buscando una experiencia más profunda de la Presencia y la paz de Jesús. Los mensajes que siguen procuran satisfacer esa necesidad. Por supuesto, la Biblia es la única Palabra inerrante de Dios; mis escritos deben ser congruentes con ese patrón inamovible. Los he escrito desde el punto de vista de Jesús; es decir, la primera persona del singular (Yo, mi, mis) siempre se refiere a Cristo. «Tú» se refiere a nosotros los lectores de modo que la perspectiva es que Jesús te está hablando a ti.

He incluido referencias escriturales después de cada lectura diaria. Mientras escucho a Dios, con frecuencia vienen a mi mente versículos bíblicos o fragmentos de ellos y los he entretejido en mis mensajes. Las palabras de las Escrituras (algunas parafraseadas, algunas citadas textualmente) aparecen en itálicas. Ciertos versículos bíblicos aparecen destacados más que otros en mis escritos. La razón es que, a menudo, Dios usa estos pasajes para darme fuerzas y aliento, elevando mi vista desde mis «leves tribulaciones momentáneas» (2 Corintios 4.17, RVR1960) hasta su perspectiva eterna.

Durante mi tiempo de escucha, a menudo han acudido a mi mente temas sobre gratitud y confianza. En la Biblia, estos son temas constantes y son esenciales si vamos a disfrutar de la Presencia y la paz de Jesús.

Sugiero que estos mensajes se lean lentamente, de preferencia en algún lugar tranquilo. Te invito a que comiences un diario en el que puedas anotar todos los pensamientos e impresiones que recibas mientras esperas en su Presencia. Recuerda que Jesús es Emanuel, *Dios con nosotros*. Que Dios te bendiga con su Presencia y su paz en una medida siempre creciente.

Sarah Young

Enero

Porque yo sé los pensamientos que
tengo acerca de vosotros, dice Jehová,
pensamientos de paz, y no de mal,
para daros el fin que esperáis.

JEREMÍAS 29.11, RVR1960

VEN A MÍ con un espíritu dispuesto, deseoso de cambiar. Caminar cerca de mí es vivir una continua renovación. Al entrar a un nuevo año no te aferres a viejas costumbres. En lugar de eso, busca mi rostro con una mente abierta sabiendo que el ir juntos significa que serás *transformado por la renovación de tu mente*. Al concentrar tus pensamientos en mí, ten la seguridad que tienes toda mi atención. Mis ojos están permanentemente sobre ti porque el alcance de mi vista es infinito. Yo te conozco y te entiendo. Mis pensamientos te rodean con un amor perdurable. *También conozco los planes que tengo para ti, planes para tu prosperidad y no para causarte daño, planes para darte esperanza y un futuro.* Entrégate por completo a esta aventura de ser más y más consciente de mi Presencia.

ROMANOS 12.2; JEREMÍAS 29.11

DESCANSA EN MI PRESENCIA SANA-
DORA. Al pasar tiempo conmigo, tus pensamientos
intentarán brincar más allá de los planes y problemas
de hoy. Piensa en mí para sentir la frescura de mi
Presencia y renovarte. Mientras piensas en mí, deja
que la luz de mi Presencia te inunde. Esto te capacitará
para enfrentar lo que sea que te traiga el día. Este
«sacrificio de tiempo» me complace a mí y te fortalece
a ti. No escatimes el tiempo para estar juntos. Resístete
al llamado que te hacen las tareas que tienes por hacer.
Haz escogido lo mejor y nadie te lo quitará.

SALMO 105.4; LUCAS 10.39-42

RECRÉATE EN LA PAZ DE MI PRESENCIA. Esta paz puede ser tu porción en todo tiempo y en toda circunstancia. Aprende a refugiarte en lo secreto de mí incluso cuando estás ocupado atendiendo a tus deberes. Yo estoy contigo y en ti; además, voy delante de ti abriéndote camino y también junto a ti. Nunca encontrarás un compañero tan fiel como yo.

Debido a que soy tu compañero constante, debería haber una agilidad en tu caminar que todos lo noten. No te recargues con problemas y asuntos pendientes porque yo te estoy ayudando a llevar la carga. En el mundo siempre tendrás pruebas y aflicciones pero no dejes que te aplasten. Yo he conquistado el mundo y le he quitado el poder que podría tener para hacerte daño. En mí puedes tener una paz auténtica.

SALMO 31.19-20; JUAN 16.33

QUIERO QUE ADQUIERAS UN NUE-
VO HÁBITO. Sea cual fuere la circunstancia en
que te encuentres, acostúmbrate a decir: «Yo confío en
ti, Jesús». Piensa en quien soy yo y en todo mi poder
y gloria; medita, además, en lo profundo y ancho de
mi amor hacia ti.

Esta práctica sencilla te ayudará a verme en cada
situación y a reconocer mi control soberano sobre
el universo. Cuando veas las cosas desde esta perspectiva —a través de la luz de mi Presencia univer-
sal— el miedo dejará de tener influencia sobre ti. Las
circunstancias adversas se transformarán en grandes
oportunidades cuando pongas tu confianza en mí sin
importar lo que sea. Recibirás bendiciones con gratitud pues te darás cuenta que fluyen directamente de
mi mano de gracia. Al continuar confiando sentirás
que nuestra relación se hace más fuerte y te mantiene
cerca de mí.

SALMO 63.2; ISAÍAS 40.10-11; SALMO 139.7-10

PODRÁS ALCANZAR LA VIDA VICTO-
RIOSA si vives en una genuina dependencia de mí.
Por lo general, la gente asocia victoria con éxito: no
tropezar o caer, no cometer errores. Pero los que tienen éxito en sus propias fuerzas tienden a seguir sus
propias ideas, olvidándose de mí. Es a través de los
problemas, los fracasos, las debilidades y las inseguri-
dades que puedes aprender a depender de mí.

La verdaderamente dependencia no es simplemente pedirme que bendiga lo que has decidido
hacer. Es venir a mí con una mente y un corazón sen-
sibles, invitándome a depositar mis deseos en ti. Yo te
puedo infundir un sueño que va más allá de lo que
crees que puedes alcanzar. Sabes que por ti mismo no
alcanzarás esa meta. Por eso comienzas a intentarlo a
través de una profunda confianza en mí. Eso es caminar por fe, dando un paso a la vez y descansando en
mí todo lo que te sea necesario. Esto no es una vida de
éxito continuo sino más bien de múltiples fracasos.
Sin embargo, cada fracaso es seguido por un mayor
esfuerzo alimentado por una confianza creciente en
mí. Disfruta la bendición de una vida victoriosa a través de ahondar tu dependencia en mí.

SALMO 34.17-18; 2 CORINTIOS 5.7

YO SOY CAPAZ de llevarte más allá de lo que jamás pediste o te imaginaste. Acércate a mí con una expectativa positiva, sabiendo que no hay límites a lo que puedo lograr. Pídele a mi Espíritu que controle tu mente de modo que puedas tener grandes pensamientos sobre mí. No te desanimes si muchas de tus oraciones aún no reciben respuesta. El tiempo es un buen instructor que te enseñará a esperar y a confiar en mí en medio de la oscuridad. Mientras más difíciles las circunstancias más cerca estarás de ver *mi poder y gloria* actuando. En lugar de dejar que las dificultades te lleven a un estado de lamentos, trata de verlas como el lugar donde se producirá mi gloriosa intervención. Mantén tus ojos y tu mente bien abiertos a todo lo que estoy haciendo en tu vida.

EFESIOS 3.20-21; ROMANOS 8.6;
ISAÍAS 40.30-31; APOCALIPSIS 5.13

ES IMPOSIBLE ALABARME O AGRADE-
CERME DEMASIADO. Como está escrito, *Yo
habito en medio de la alabanza de mi pueblo.* A veces,
tu adoración es un fluir espontáneo de gozo en respuesta a una belleza radiante o a bendiciones abundantes. En otras ocasiones, tu alabanza es más
disciplinada y moderada, un acto de tu voluntad. Yo
estoy en ambos tipos de alabanza. La gratitud es también un camino real para acercarte a mí. Un corazón
agradecido tiene todo el espacio del mundo para mí.

Cuando me agradeces por las muchas alegrías
que te doy estás declarando que yo soy Dios, de quien
fluyen todas las bendiciones. Cuando te golpea la
adversidad y de todas maneras me agradeces, tu confianza en mi soberanía es un ejemplo en los reinos
invisibles. Llena los momentos que te queden en tu
vida con alabanza y agradecimiento. Esta disciplina
gozosa te ayudará a vivir en la intimidad de mi
Presencia.

SALMO 22.3; SALMO 146.1-2;
1 TESALONICENSES 5.18

YO ANUNCIO DELICADAMENTE MI PRESENCIA. Delicados matices de luz buscan entrar suavemente en tu conciencia. Aunque yo tengo todo poder en el cielo y en la tierra, soy infinitamente tierno contigo. Mientras más débil seas, más delicadamente me acerco a ti. Deja que tu debilidad sea una puerta de entrada a mi Presencia. Cada vez que te sientas desalentado, recuerda que yo soy tu *ayuda omnipresente*.

Espera en mí y tendrás protección contra la depresión y la autocompasión. La esperanza es como una cuerda de oro que te conecta al cielo. Mientras más fuerte te aferres a esta cuerda, más compartiré el peso de tus cargas; así, te sentirás aliviado. La pesadez no es de mi Reino. Aférrate a la esperanza y mis rayos de luz te alcanzarán a través de la oscuridad.

SALMO 46.1; ROMANOS 12.12; ROMANOS 15.13

YO ESTOY CONTIGO Y POR TI. Cuando decides que algo que quieres hacer está en línea con mi voluntad, nada en el cielo o en la tierra podrá detenerte. Puedes encontrar muchos obstáculos mientras vas en procura de la meta pero no te desalientes, nunca te rindas. Con mi ayuda podrás vencer cualquier obstáculo. No esperes un camino fácil mientras vas hacia delante conmigo pero nunca olvides que yo, tu ayuda omnipresente, soy también omnipotente.

Cuando trates de conseguir que las cosas ocurran antes de tiempo sufrirás muchas tensiones. Una de las formas más importantes en que yo impongo mi soberanía es en la medición del tiempo. Si quieres mantenerte cerca de mí y hacer las cosas de acuerdo con mi manera, pídeme que te muestre la forma de avanzar momento a momento. En lugar de lanzarte de cabeza en procura de la meta, permíteme establecer el ritmo. Baja la velocidad y disfruta el esfuerzo en mi Presencia.

ROMANOS 8.31; SALMO 46.1-3; LUCAS 1.37

CADA VEZ QUE CONFIRMAS TU CON-
FIANZA EN MÍ es como si hicieras un depósito
en la cuenta que tienes conmigo. Es como ir formando
un capital para los días de dificultades. Yo guardo en
mi corazón toda la confianza depositada en mí y
siempre con interés compuesto. Mientras más confías
en mí, más te capacito para que lo hagas.

Acostúmbrate a confiar en mí durante los días
apacibles, cuando pareciera que nada va a ocurrir.
Luego, cuando venga la tormenta, tu saldo de confianza será suficiente como para salir adelante. *Hazte
tesoro en el cielo* poniendo tu confianza en mí. Esta
práctica te mantendrá en mi Paz.

SALMO 56.3-4; MATEO 6.20-21

CONFÍA EN MÍ, dejando el control en mis manos. *Mantente quieto y reconoce que yo soy Dios.* Este es mi mundo: Yo lo hice y yo lo controlo. La tuya es una parte sensitiva en la letanía de Amor. Yo busco entre mis hijos a quienes sean receptivos a mí. Cuida bien este don que he plantado en tu corazón. Aliméntalo con la luz de mi Presencia.

Cuando vengas a mí con tus peticiones diseña tu estrategia. Háblame con franqueza; derrama el contenido de tu corazón. Luego, agradéceme por las respuestas que yo he planeado desde mucho antes que puedas darte cuenta de los resultados. Cuando vuelvas a presentarme tus peticiones, sigue dando gracias por las respuestas que vienen en camino. Si persistes en manifestarme tus preocupaciones, terminarás viviendo en una tensión permanente. Cuando me agradeces por la forma en que estoy respondiendo a tus oraciones, tu actitud mental se torna mucho más positiva. Las oraciones de gratitud te permiten estar consciente de mi Presencia y de mis promesas.

SALMO 46.10; COLOSENSES 4.2;
2 PEDRO 1.3-4

DÉJAME QUE TE PREPARE para el día que tienes por delante. Yo sé exactamente lo que te trae ese día en tanto que tú puedes tener solo una idea vaga. Sé que te gustaría ver un mapa con todos los recovecos y vueltas por los que tendrás que pasar. Te podrás sentir mejor preparado si logras visualizar lo que te espera. Sin embargo, hay una forma mejor de estar preparados para *lo que sea* que te encuentres adelante: El tiempo de mejor calidad pásalo conmigo.

No es que te vaya a mostrar aquello con que te encontrarás más adelante sino que te voy a capacitar cuidadosamente para el viaje. Mi Presencia viviente es tu compañía a cada paso del camino. Mantente en permanente comunicación conmigo, pronuncia mi nombre cada vez que sientas que necesitas reordenar tus pensamientos. De esta manera podrás vivir el día con tu atención puesta en mí. Mi Presencia permanente contigo es el mejor mapa caminero.

ÉXODO 33.14; JUAN 15.4-7

TRATA DE VER CADA DÍA como una aventura, cuidadosamente planificada por tu Guía. En lugar de fijarte en el día que tienes ante ti tratando de programarlo según tu voluntad, ponme atención y atiende a todo lo que he preparado para ti. Agradéceme por este día en tu vida y reconoce que es hermoso e irrepetible. Confía en que estoy contigo en todo momento seas o no consciente de mi Presencia. Una actitud de gratitud y confianza te ayudará a ver las incidencias en tu vida desde mi perspectiva.

Una vida vivida cerca de mí nunca será árida o predecible. Cada día te traerá sorpresas. ¡Espéralas! Resiste tu tendencia a buscar el camino más fácil; en lugar de eso, disponte a seguirme por donde yo te guíe. No importa cuán abrupto y traicionero te parezca el camino, el lugar más seguro para estar es a mi lado.

SALMO 118.24; 1 PEDRO 2.21

PERMÍTEME BENDECIRTE con mi gracia y mi paz. Abre tu corazón y tu mente para recibir todo lo que tengo para ti. Que tu vacuidad no te avergüence. Más bien aprecia esa condición como la ideal para que se llene con mi paz.

Es fácil preocuparse de las apariencias, dar la impresión que todo está bien. De este modo, se puede engañar a muchos pero yo veo las cosas como realmente son. En tu relación conmigo no hay lugar para las apariencias. Regocíjate en el hecho que yo te entiendo tal como eres. Por eso, háblame de tus luchas y de tus sentimientos de incompetencia. Poco a poco iré transformando tus debilidades en fuerza. Recuerda que tu relación conmigo está saturada de gracia. Por lo tanto, *nada que hagas o no hagas puede separarte de mi Presencia.*

1 SAMUEL 16.7; ROMANOS 8.38-39

MI ROSTRO BRILLA SOBRE TI, radiando esa *paz que nadie puede comprender*. Te rodea un mar de problemas, pero yo soy tu paz y puedes mirarme cara a cara. Mientras lo hagas, estarás seguro. Si te detienes demasiado tiempo a considerar tus problemas, te vas a hundir bajo el peso de esa carga. Pero si sientes que estás anegándote, solo di: «¡Ayúdame, Jesús!» y yo te alzaré.

Mientras más cerca vivas de mí, más seguro estarás. Las circunstancias que te rodean van y vienen y a la distancia podrán verse olas traicioneras. *Fija tus ojos en mí*, que nunca cambio. Para cuando las olas te alcancen, ya se habrán reducido al tamaño de mis designios. Siempre estoy a tu lado ayudándote a enfrentarte a las olas *del día de hoy*. El futuro es un fantasma que trata de asustarte. ¡Ríete del futuro! Permanece cerca de mí.

FILIPENSES 4.7; MATEO 14.30; HEBREOS 12.2

VEN A MÍ y descansa en mi amorosa Presencia. Sabes que el día de hoy trae sus dificultades y estás pensando cómo las vas a enfrentar.

El anticiparte a lo que tienes por delante te puede hacer olvidar que *yo estoy contigo*, ahora y siempre. Volver sobre tus tribulaciones hace que las vuelvas a vivir muchas veces; en cambio, es mejor pasarlas de una vez cuando ocurren. ¡No aumentes tus sufrimientos! Mejor, ven a mí y descansa en mi paz. Yo te fortaleceré y prepararé para este día transformando tus temores en seguridad.

MATEO 11.28-30; JOSUÉ 1.5, 9

VEN A MÍ CON UN CORAZÓN AGRA-
DECIDO y así podrás gozarte en mi Presencia. Este
es el día que yo hice. Quiero que te alegres *hoy* sin preocuparte por el mañana. Busca todo lo que tengo
especialmente preparado para ti anticipando bendiciones abundantes y aceptando los problemas cuando
se presenten. Si te mantienes comunicado conmigo,
yo puedo hacer milagros en el día más fastidioso.

Ven a mí con todas tus necesidades, sabiendo que
mis gloriosas riquezas son las mejores provisiones.
Mantente en continua comunicación conmigo para
que puedas vivir por sobre las circunstancias aunque
te encuentres en medio de ellas. *No se angustien por
nada; más bien, oren; pídanle a Dios en toda ocasión y
denle gracias. Y la paz de Dios, esa paz que nadie puede
comprender, cuidará sus corazones y pensamientos en
Cristo.*

SALMO 118.24; FILIPENSES 4.19, 6-7

TE ESTOY LLEVANDO POR LAS ALTURAS; sin embargo, en el camino hay subidas y bajadas. A la distancia quizás veas picachos nevados que reflejan la luz del sol. Desear alcanzar esas alturas es bueno pero para lograrlo no debes tomar atajos. Tu deber es seguirme y dejar que yo dirija tus pasos. Deja que las alturas te inviten a ascenderlas pero sigue junto a mí.

Aprende a confiar en mí cuando las cosas vayan «mal». Alterar tu rutina acentúa tu dependencia de mí. Aceptar las pruebas con confianza trae bendiciones que *superan lejos cualquier cosa*. Camina mano con mano conmigo a lo largo de este día. Con todo mi amor he planeado cada pulgada del camino. La confianza no decae cuando el camino se pone rocoso y escabroso. Aspira profundo de mi Presencia y agárrate firme de mi mano. ¡Juntos lo haremos!

JUAN 21.19; 2 CORINTIOS 4.17; HABACUC 3.19

BUSCA MI ROSTRO y encontrarás más de lo que jamás imaginaste. *Permíteme quitar la preocupación del centro de tu ser.* Yo soy como una nube sobresaturada, derramando lluvia de paz en el estanque de tu mente. Mi naturaleza es bendecir. Tu naturaleza es recibir con acción de gracias. Esto se ha planificado desde antes de la fundación del mundo. Glorifícame recibiendo mis bendiciones con gratitud.

Yo soy la meta de todas tus búsquedas. *Cuando me buscas, me encuentras* y eso te llena de satisfacción. Cuando aspiraciones menores captan tu interés, me retiro a la parte de atrás de tu vida. Sigo ahí, observando y esperando, pero tú actúas como si estuvieras solo. En realidad, mi luz brilla en cada situación que tengas que enfrentar. Vive esplendorosamente expandiendo tu área de enfoque para incluirme a mí en todos tus momentos. Que nada desestimule tu búsqueda de mí.

SALMO 27.8; FILIPENSES 4.7; JEREMÍAS 29.13

ENFRENTA ESTE DÍA SEGURO DE QUIÉN
ES EL JEFE. Al hacer planes para este día, recuerda
que soy yo quien orquesta los acontecimientos en tu
vida. Es posible que cuando los días transcurran con
tranquilidad según tus planes, te olvides de mi
Presencia soberana. Pero los días cuando tus planes se
vean entorpecidos, búscame. Es posible que esté
haciendo algo importante en tu vida, algo muy diferente a lo que esperas. En tales circunstancias, es esencial mantener la comunicación conmigo, aceptando
mi forma como mejor que la tuya. No trates de entender lo que está ocurriendo. Simplemente confía en mí
y agradéceme por adelantado por lo bueno que resultará de todo esto. *Conozco los planes que para ustedes
tengo, son planes de bien y no de mal.*

ISAÍAS 55.9-11; JEREMÍAS 29.11

QUIERO QUE SEAS COMPLETAMENTE
MÍO. Te estoy librando de cualquiera otra dependencia. Tu seguridad descansa únicamente en mí, no en
otras personas ni en las circunstancias. Depender solo
de mí puede hacer que sientas como que caminas en
la cuerda floja pero abajo hay una red de seguridad:
los brazos eternos. Así es que no tengas miedo de caer;
más bien dirige tu mirada a mí. Yo estoy siempre ante
ti, diciéndote: Un paso a la vez. *Ni lo alto, ni lo profundo, ni cosa alguna de toda la creación. ¡Nada podrá
separarnos del amor que Dios nos ha demostrado en
Cristo Jesús, nuestro Señor!*

DEUTERONOMIO 33.27; ROMANOS 8.39

ESFUÉRZATE EN CREER EN MÍ en más y más áreas de tu vida. Cualquiera cosa que tienda a ponerte ansioso es una oportunidad de crecer. En lugar de huir de estos desafíos, enfréntalos con ansias de obtener las bendiciones que hay escondidas en las dificultades. Si crees que yo soy soberano sobre cada aspecto de tu vida te será posible confiar en mí en cualquiera situación. No desperdicies energías lamentándote por la forma en que ocurren las cosas o pensando en lo que pudo haber sido y no fue. Comienza en el momento presente aceptando las cosas exactamente como son y busca mi manera en medio de esas circunstancias.

Confiar es como un báculo en el que te puedes afirmar mientras subes la cuesta conmigo. Si eres coherente confiando en mí, el báculo sostendrá todo el peso que sea necesario. *Confía en el Señor con todo tu corazón, y no confíes en tu propia inteligencia. Busca la voluntad del Señor en todo lo que hagas, y él dirigirá tus caminos.*

SALMO 52.8; PROVERBIOS 3.5-6

NO HAY PROBLEMA CON SER HUMANO.
No te sorprendas ni te sientas mal si tu mente se distrae mientras estás orando. Sencillamente vuelve a pensar en mí. Sonríeme sabiendo que yo te entiendo. Regocíjate en mi amor por ti, que no tiene límites ni condiciones. Pronuncia mi nombre en amorosa complacencia, seguro de que *nunca te dejaré ni te daré las espaldas*. Intercala lo más que puedas estos intervalos de paz a lo largo de tu día. Esta práctica te permitirá lograr un *espíritu quieto y apacible*, lo cual me agrada sobremanera.

Al vivir en estrecho contacto conmigo, la luz de mi Presencia se filtrará a través de ti para beneficiar a otros. Tus debilidades y tus heridas son la vía por la cual *la luz del conocimiento de mi gloria* brilla más. *Mi poder se manifiesta más cuando la gente es débil.*

DEUTERONOMIO 31.6; 1 PEDRO 3.4;
2 CORINTIOS 4.6-7; 2 CORINTIOS 12.9

MI PAZ es el tesoro de los tesoros: *la perla de gran precio.* Es un regalo exquisitamente costoso, tanto para el que lo da como para el que lo recibe. Yo compré con mi sangre esta paz para ti. Este don es tuyo si confías en mí en medio de las tormentas de la vida. Si tienes la paz del mundo en la forma que sea, no vas a buscar mi paz insondable. Dame gracias cuando las cosas no vayan como deseas, porque las bendiciones espirituales vienen envueltas en pruebas. Las circunstancias adversas son algo normal en un mundo caído. Espéralas. Alégrate ante las adversidades porque *yo he vencido al mundo.*

MATEO 13.46; SANTIAGO 1.2; JUAN 16.33

DEJA QUE MI AMOR TE ENVUELVA en lo radiante de mi gloria. Descansa en la luz de mi Presencia y recibe mi paz. Estos momentos de quietud conmigo trascienden el tiempo logrando mucho más de lo que te puedes imaginar. Tráeme el sacrificio de tu tiempo y prepárate para ver con qué abundancia te bendigo a ti y a tus seres queridos.

Mediante la intimidad de nuestra relación experimentarás una *transformación* desde adentro hacia fuera. Mientras te mantengas concentrado en mí yo estaré formándote para que seas lo que quiero que seas. Tu parte es dejarme hacer mi trabajo creativo en ti sin resistirte o tratar de acelerarlo. Disfruta el tiempo de una vida vivida conmigo dejándome que yo marque el ritmo. Toma mi mano con la confianza con que lo haría un niño y verás cómo el camino se abre ante ti paso a paso.

HEBREOS 13.15; 2 CORINTIOS 3.18;
SALMO 73.23-24

NO TE DEJES ATRAPAR POR LA ILUSIÓN de que mereces una vida sin problema. Parte de ti sigue esperando que se solucionen todas las dificultades, pero esta es una falsa esperanza. Como les dije a mis discípulos, *en el mundo tendréis aflicción.* Vincula tu esperanza no a la solución de los problemas en esta vida sino a la promesa de una eternidad sin problemas en el cielo. En lugar de buscar perfección en este mundo caído, pon tu energía en buscarme a mí, el perfecto.

Es posible disfrutar de mi compañía y glorificarme en medio de las circunstancias adversas. De hecho, mi luz es más radiante a través de los creyentes que confían en mí en la oscuridad. Ese tipo de confianza es sobrenatural: algo que produce mi Espíritu dentro de ti. Cuando todo parezca ir mal, de todos modos confía en mí. Yo estoy mucho menos interesado en las circunstancias favorables que en la respuesta adecuada que necesitas.

JUAN 16.33; SALMO 112.4, 7

LA CONFIANZA ES UN CAMINO DORADO
HACIA EL CIELO. Cuando andas por este camino
estás viviendo por sobre cualquiera circunstancia. Mi
luz gloriosa brilla con mayor intensidad sobre aquellos que siguen este paso de vida. Atrévete a ir por el
camino más alto conmigo porque este es la ruta más
directa al cielo. El camino bajo es sinuoso, da vueltas
y vueltas formando nudos agonizantes. Allí, la atmósfera es pesada y las nubes predominantes son oscuras
y amenazadoras. Si confías en tu propia capacidad te
hundirás. Descansa en mí y yo haré que tus pasos sean
firmes y derechos.

JUAN 14.1-2; PROVERBIOS 3.5-6

YO ESTARÉ CON USTEDES PARA SIEM-
PRE. Estas fueron las últimas palabras que pronuncié
antes de ascender al cielo. Y sigo afirmando esta promesa a quienes quieran oírme. Las personas responden en diversas maneras a mi Presencia. La mayoría
de los cristianos acepta esta enseñanza como una verdad pero se olvidan de ella en el vivir diario. Algunos
creyentes heridos o mal informados tienen miedo
e incluso pueden sentir resentimiento porque yo sé
todo lo que hacen, dicen y piensan. Son pocos los que
centran su vida en esta promesa gloriosa y se sienten
bendecidos más allá de todo lo que esperarían.

Cuando mi Presencia sea el punto focal de tu
conciencia, todas las piezas de tu vida caerán en su
correspondiente lugar. Al mirarme a través de los ojos
de tu corazón verás al mundo que te rodea desde mi
perspectiva. El *Yo estoy contigo* le da sentido a cada
momento de tu vida.

MATEO 28.20; SALMO 139.1-4

MANTÉN TU MIRADA EN MÍ. Yo te he dotado con una libertad maravillosa incluyendo la capacidad de escoger el punto focal de tu mente. Solo la corona de mi creación tiene tal capacidad; es la demostración de haber sido *creado a mi imagen*.

Deja que la meta del día de hoy sea *traer cada pensamiento cautivo a mí*. Dondequiera que vaya tu mente atrapa esos pensamientos y tráelos a mi Presencia. Ante mi luz radiante los pensamientos de ansiedad se contraen y alejan. Los pensamientos de crítica quedan al descubierto cuando disfrutas de mi amor incondicional. Ideas confusas se desenmarañan cuando descansas en la sencillez de mi paz. *Te guardaré en constante paz mientras tus pensamientos están puestos en mí.*

SALMO 8.5; GÉNESIS 1.26-27;
2 CORINTIOS 10.5; ISAÍAS 26.3

ADÓRAME SOLO A MÍ. Mientras más ocupa tu mente algo, más cerca está de transformarse en tu dios. Las preocupaciones, si se lo permites, se pueden transformar en un ídolo. La ansiedad se impone por sí misma, infestando tu mente como un parásito. Libérate de estas mordazas renovando tu confianza en mí y estimulándote en mi Presencia. Lo que ocupa tu mente es invisible e indetectable a otras personas. Pero yo estoy leyendo tus pensamientos continuamente buscando evidencias de que confías en mí. Me gozo cuando tu mente se vuelve a mí. Cuida tus pensamientos diligentemente. Los buenos pensamientos te mantendrán cerca de mí.

SALMO 112.7; 1 CORINTIOS 13.11

YO SOY TU FUERZA Y TU ESCUDO. Mucho antes que te levantes de la cama, yo ya he hecho planes para el día que te tocará vivir. También proporciono las fuerzas que necesitas para cada paso que vayas a dar a lo largo del día. En lugar de evaluar tu nivel de energía y de preguntarte lo que te espera más adelante, concéntrate en mantenerte en contacto conmigo. Mi poder fluye libremente hacia ti a través de nuestra comunicación abierta. Rehúsate a gastar energía preocupándote, lo que te permitirá tener fuerzas incluso para almacenar.

Cada vez que empieces a tener miedo, recuerda que yo soy tu escudo. Pero a diferencia de un armamento inanimado, yo estoy siempre alerta y activo. Mi Presencia te observa continuamente. Protegiéndote de peligros conocidos y desconocidos. Confía en mi cuidado que es el mejor sistema de seguridad al cual puedes echar mano. *Estaré contigo y te protegeré dondequiera que vayas.*

SALMO 28.7; MATEO 6.34; SALMO 56.3-4; GÉNESIS 28.15

Jesús te llama

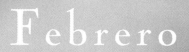

Febrero

Buscad a Jehová y su poder;
buscad siempre su rostro.

Salmo 105.4, rvr1960

SÍGUEME DANDO UN PASO A LA VEZ. Es todo lo que requiero de ti. En realidad, esa es la única forma de avanzar en este mundo. Cuando te enfrentas a grandes montañas, te preguntas cómo podrás escalarlas. Mientras tanto y debido a que no estás mirando por donde caminas, tropiezas a pesar de que yo te voy guiando. Al ayudarte a ponerte en pie, me dices lo preocupado que estás por los precipicios que tienes por delante. Pero si no sabes lo que ocurrirá hoy, mucho menos lo que ocurrirá mañana. Es posible que de pronto nuestro camino tome otro rumbo alejándote de aquellas montañas. Quizás haya una forma más fácil de ascender a esa montaña que lo que se puede ver desde la distancia. Si te guío a través de esos acantilados te equiparé convenientemente para esa extenuante escalada. *Ordenaré a mis ángeles que te protejan por dondequiera que vayas. Te sostendrán con sus manos y evitarán que tropieces con las piedras en el camino.*

Concéntrate en la jornada del día de hoy disfrutando de mi Presencia. *Camina por fe y no por vista* confiando en que yo te allane el camino que tienes por delante.

SALMO 18.29; SALMO 91.11-12;
2 CORINTIOS 5.7

ESTOY RENOVANDO TU MENTE. Cuando tus pensamientos fluyen libremente tienden a moverse hacia los problemas. Tu atención queda presa en uno dado y das vuelta en torno de él en un intento por terminar manejándolo. A través de este esfuerzo negativo, tus energías se ven mermadas para atender otros asuntos. Lo peor de todo es que dejas de mirarme a mí.

Una mente renovada se concentra en mi Presencia. Instruye tu mente para que me busque en todo momento y en cada situación. A veces, me podrás encontrar a tu alrededor: en el canto de un ave, en la sonrisa de un ser querido, en el brillo dorado del sol. En otras ocasiones, deberás buscarme en tu interior. Estoy siempre presente en tu espíritu. Busca mi rostro, háblame y entonces iluminaré tu mente.

ROMANOS 12.2; SALMO 105.4

YO ESTOY CONTIGO Y PARA TI. Tú no tienes que enfrentar nada solo. *¡Nada!* Cuando te sientas ansioso, será porque estarás concentrado en el mundo visible y a mí me estarás dejando fuera del cuadro. El remedio, sin embargo, es simple: *Fija tu mirada en lo que todavía no ves.* Manifiesta tu confianza en mí, *el que te ve.* Te haré vivir este día y todos tus días sin que sufras daño alguno. Pero tendrás que buscarme y me encontrarás solo en el presente. Cada día es un regalo precioso de mi Padre. ¡Cuán ridículo es pretender regalos futuros cuando el del día de hoy está delante de ti! Recibe el regalo de hoy con gratitud, desenvuélvelo con ternura y sumérgete en sus profundidades. Al disfrutar este regalo me encontrarás.

ROMANOS 8.31; 2 CORINTIOS 4.18;
GÉNESIS 16.13-14

TRÁEME TUS DEBILIDADES y recibe mi Paz. Acéptate tú y tus circunstancias tal como son sin olvidar que yo soy soberano sobre todas las cosas. No te desgastes en análisis y planeamientos. Mejor deja que la gratitud y la confianza te guíen a lo largo de este día. Ellas te mantendrán cerca de mí. Mientras viva en la luz radiante de mi Presencia, mi Paz te iluminará. Dejarás de darte cuenta de lo débil o fuerte que te sientes porque estarás concentrado en mí. La mejor manera de vivir este día es ir paso a paso conmigo. Prosigue esta jornada de intimidad confiando que el camino por el cual vas te lleva al cielo.

SALMO 29.11; NÚMEROS 6.24-26; SALMO 13.5

BUSCA MI ROSTRO y encontrarás no solo mi Presencia sino que también mi paz. Para recibir mi paz deberás cambiar tus pretensiones para ser más receptivo y confiado. Lo único que puedes agarrar sin dañar tu alma es mi mano. Pídele a mi Espíritu dentro de ti que ordene tu día y controle tus pensamientos porque *los que ocupan su mente en las cosas del Espíritu tienen vida y paz.*

Tú puedes tener todo lo que quieras de mí y de mi paz mediante miles de correctas decisiones cada día. La decisión más frecuente que tendrás que hacer será confiar en mí o preocuparte. Nunca lograrás lo que quieres si te limitas a lamentarte pero puedes confiar en mí en cualquiera cosa que sea. Yo soy *tu pronta ayuda en tiempos de tribulación.* Confía en mí, *aunque el mundo se desintegre y los montes se derrumben y caigan al mar.*

ROMANOS 8.6; SALMO 46.1-2

VEN A MÍ Y DESCANSA. Yo soy todo para ti, para bendecirte y restaurarte. Respira de mí en cada aliento. El camino que tienes por delante es muy abrupto. Cálmate y agárrate firme de mi mano. Quiero enseñarte una lección difícil que se aprende únicamente mediante las tribulaciones.

Levanta tus manos vacías de fe y recibe mi preciosa Presencia. Luz, vida, gozo y paz fluyen abundantemente a través de estos dones. Cuando dejas de tener tus ojos puestos en mí te atraen otros intereses. Cuando eres atraído por cenizas sin vida te privas del regalo resplandeciente de mi Presencia. Regresa a mí. Recupera mi Presencia.

MATEO 11.28-29; 1 TIMOTEO 2.8

VEN A MÍ PARA HALLAR DESCANSO y refrigerio. La jornada ha sido demasiado para ti y te sientes abatido. No sientas vergüenza por tu situación. Más bien, considéralo una oportunidad para que yo me haga cargo de tu vida.

Recuerda que yo puedo hacer que *todo suceda para tu bien*, incluyendo las cosas que te gustaría que fueran diferentes. Comienza donde te encuentras ahora en términos de espacio y tiempo, aceptando que ahí es, precisamente, donde yo quiero que estés. Vas a ir por el día de hoy dando un paso a la vez. Tu primera responsabilidad es mantenerte atento a mí, dejándome que yo te guíe a través de todas las decisiones que tengas que hacer en el camino.

Aunque esto suena como algo sencillo, no lo es. Tu deseo de vivir en mi Presencia va a contrapelo de los deseos «del mundo, la carne y el diablo». Muchas de tus preocupaciones son el resultado de tu batalla constante contra estas fuerzas opositoras. Sin embargo, tú estás bajo mi cuidado; por lo tanto, no serás derrotado. *¿Por qué vas a desarmarte y estar tan triste? Vuelve y alábame.*

ROMANOS 8.28; SALMO 42.11

YO ESTOY POR SOBRE TODAS LAS COSAS: tus problemas, tus dolores y por sobre los acontecimientos que son como torbellino en este mundo tan cambiante. Cuando contemplas mi rostro te elevas por sobre las circunstancias y descansas conmigo en los *lugares celestiales*. Este es el camino de la paz: vivir en la luz de mi Presencia. Te garantizo que en esta vida siempre tendrás problemas pero no debes dejar que atrapen toda tu atención. Cuando sientas que te estás hundiendo en el mar de tus circunstancias, di: *«¡Señor, sálvame!»* y te traeré de vuelta a mí. Aunque tengas que decir lo mismo miles de veces al día, no te desanimes. Yo conozco tus debilidades y me reuniré contigo en ese preciso lugar.

EFESIOS 2.6; MATEO 14.28-32

BUSCA MI ROSTRO más y más. En realidad, apenas estás comenzando tu jornada de intimidad conmigo. No es un camino fácil pero es un camino encantador y privilegiado: la búsqueda de un tesoro. Yo soy el tesoro, y la gloria de mi Presencia resplandece a lo largo de la ruta. Las adversidades son también parte de la travesía. Yo las asigno cuidadosamente y en las dosis correctas con una ternura que difícilmente te podrías imaginar. Que las aflicciones no te hagan retroceder puesto que ellas están entre mis dones favoritos. *Estaré confiado y no temeré, porque el Señor es mi fuerza y mi canción.*

SALMO 27.8; 2 CORINTIOS 4.7; ISAÍAS 12.2

CONFÍA EN MÍ LO SUFICIENTE como para pasar un largo tiempo conmigo, relegando a un segundo término las demandas del día. Rechaza la idea de sentirte culpable por algo que es tan grato para mí, el Rey del universo. Porque soy omnipotente, puedo cambiar el tiempo y los hechos a tu favor. Después que te hayas dado a mí en una comunión grata te darás cuenta que puedes hacer mucho más en menos tiempo. Además, cuando ajustes tu paso al mío y según mi perspectiva, podrás clasificar lo que es importante y lo que no lo es.

Cuídate de no caer en la trampa de estar moviéndote sin parar. La gente hace demasiadas cosas en mi nombre que no tienen valor en mi reino. Para evitar hacer cosas que no valgan la pena mantente en comunicación continua conmigo. *Yo te instruiré y te guiaré por el mejor camino para tu vida; yo te aconsejaré y velaré por ti.*

LUCAS 10.41-42; SALMO 32.8

MI PAZ es como una columna de luz alumbrándote continuamente. Durante los días de sol radiante, puede mezclarse con tu entorno. En los días oscuros, mi paz se proyecta en un notable contraste con tus circunstancias. Ve los tiempos de oscuridad como oportunidades para que mi luz brille en un resplandor trascendental. Te estoy preparando para que practiques la paz que se sobrepone a la oscuridad. Colabora conmigo en este proceso. *No te canses ni pierdas el ánimo.*

JUAN 1.4-5; HEBREOS 12.3

SIEMPRE ESTOY MUY CERCA DE TI, rondando sobre tu hombro, leyendo cada pensamiento. La gente cree que los pensamientos son fugaces y sin valor pero los tuyos son preciosos para mí. Me haces sonreír cuando tienes pensamientos que me agradan. Mi Espíritu, que vive en ti, te ayuda a tener mis pensamientos. A donde van tus pensamientos va tu ser entero.

Déjame ser tu enfoque positivo. Cuando me miras reconociendo que *Dios es contigo*, experimentas el gozo. Esto está de acuerdo con mi antiguo diseño cuando hice al hombre. El hombre moderno busca su enfoque positivo en cualquiera parte: en los deportes, en las sensaciones, adquiriendo más y más bienes materiales. La publicidad se aprovecha del anhelo de la gente de tener un enfoque positivo en sus vidas. Yo puse ese anhelo en las almas de las personas sabiendo que solo yo podría satisfacerlo plenamente. *Deléitate en el Señor. Así él te dará lo que tu corazón anhela.*

MATEO 1.23; SALMO 37.4

¡LA PAZ SEA CONTIGO! Desde la resurrección esta ha sido mi contraseña con todos los que me anhelan. Mantente quieto y deja que mi paz se posesione de ti cubriéndote en mi amorosa Presencia. Para poder darte esta paz radiante yo morí como un criminal. Recibe *mi paz* abundantemente y con gratitud. Este es un tesoro extraordinario, resplandeciendo en delicada belleza pero lo suficientemente fuerte como para resistir todas las arremetidas. Cúbrete de mi paz con dignidad de realeza. Eso mantendrá tu corazón y tu mente cerca de mí.

JUAN 20.19; JUAN 14.27

ENTRÉGATE POR ENTERO a la aventura del día de hoy. Camina confiado por la senda de la vida descansando en tu compañero de siempre. Tienes todas las razones para estar confiado porque mi Presencia te acompañará todos los días de tu vida hasta la eternidad. No te rindas ante el miedo o las preocupaciones que son ladrones de tu vida abundante. Confía en mí al punto de poder enfrentar los problemas como vienen en vez de anticiparte a ellos. *Mantén fija la mirada en Jesús pues de él viene nuestra fe y él es quien la perfecciona* y muchos de los problemas que te esperan en el camino se desvanecerán antes que llegues a ellos. Cuando sientas que el miedo empieza a controlarte, recuerda que *yo te sostengo tomándote de la mano derecha*. Nada te podrá separar de mi Presencia.

HEBREOS 12.2; ISAÍAS 41.13

VEN A MÍ con todas tus debilidades: físicas, emocionales y espirituales. Descansa en la comodidad de mi Presencia y recuerda que *para Dios no hay nada imposible.*

Aleja tu mente de tus problemas de tal manera que te puedas concentrar en mí. Recuerda que yo puedo *hacer muchísimo más de lo que nos podemos imaginar o pedir.* En lugar de esperar que yo haga esto o aquello, trata de armonizar con lo que yo *ya* estoy haciendo.

Cuando la ansiedad trata de tomar control de tus pensamientos, recuerda que yo soy tu pastor; que al final de cuentas, yo tengo cuidado de ti; por lo tanto, no necesitas temerle a nada. En lugar de tratar de mantener control sobre tu vida, abandónate a mi voluntad. Aunque esto puede parecerte atemorizante e incluso peligroso, el lugar más seguro para estar es mi voluntad.

LUCAS 1.37; EFESIOS 3.20-21; SALMO 23.1-4

DAME LAS GRACIAS por las condiciones que se requieren para que *estés calmado*. No arruines estas horas de quietud deseando que se vayan esperando con impaciencia entrar en actividad de nuevo. Algunas de las más grandes obras en mi Reino han sido hechas desde un lecho de enfermo o una celda. En lugar de resentir las limitaciones de un cuerpo debilitado, busca mis maneras en medio de estas circunstancias. Las limitaciones pueden ser liberadoras cuando tu mayor deseo es vivir cerca de mí.

Quietud y confianza realzan tu percepción de mi Presencia contigo. No desprecies estas formas sencillas de servirme. Aunque te sientas desconectado de la actividad del mundo, tu quieta confianza hace un impacto poderosísimo en los reinos espirituales. *Mi poder se manifiesta más cuando la gente es débil.*

ZACARÍAS 2.13; ISAÍAS 30.15;
2 CORINTIOS 12.9

YO SOY EL RESUCITADO que resplandezco sobre ti siempre. Tú adoras a una deidad viviente, no a una imagen idolátrica hecha por mano de hombre. Tu relación conmigo está llamada a ser vibrante y retadora al invadir yo más y más áreas de tu vida. No le tengas miedo a los cambios porque yo estoy haciendo de ti *una nueva creación.* *¡Lo viejo ha quedado atrás y lo nuevo ha llegado!* Cuando te aferras a viejas maneras y monotonías estás resistiéndote al trabajo que quiero hacer dentro de ti. Quiero que adoptes todo lo que estoy haciendo en tu vida, encontrando tu seguridad solo en mí.

Es fácil hacer un ídolo de la rutina, tratando de encontrar seguridad dentro de los límites que has levantado en torno a tu vida. Aunque cada día contiene veinticuatro horas, cada una presenta un conjunto de circunstancias. No trates de meter el día de hoy en el molde del día de ayer. En lugar de eso, pídeme que te abra los ojos de modo que puedas encontrar todo lo que he preparado para ti en este precioso día de vida.

MATEO 28.5-7; 2 CORINTIOS 5.17

YO ESTOY CONTIGO. Estas tres palabras son como una red de seguridad que te protege para no caer en la desesperación. Porque tú eres humano siempre tendrás altos y bajos en la vida. Pero la promesa de mi Presencia pone límites a tu caída. A veces, te podrás sentir como si estuvieras en una caída libre, especialmente cuando la gente y las cosas en las que confiabas no responden. Pero tan pronto como recuerdes que *Yo estoy contigo* tu perspectiva cambiará radicalmente. En lugar de lamentarte, mírame a mí por ayuda. Recuerda que yo *siempre estoy contigo sosteniendo tu mano derecha. Te seguiré guiando toda tu vida con mi sabiduría y consejo, y después te recibiré en la gloria.* Esta es, exactamente, la perspectiva que necesitas: la seguridad de mi Presencia y la gloriosa esperanza del cielo.

SOFONÍAS 3.17; SALMO 73.23-26

¿SIENTES QUE TE ESTÁS HUNDIENDO BAJO EL PESO de un exceso de problemas tanto grandes como pequeños? Parecieran requerir más y más de tu atención pero no debes ceder a tales demandas. Cuando sientas que las dificultades en tu vida te ahogan, libérate pasando tiempo de calidad conmigo. Debes recordar quién soy yo y todo mi poder y gloria. Luego, con toda humildad tráeme tus oraciones y peticiones. Tus problemas empalidecerán cuando los veas a la luz de mi Presencia. Podrás aprender a estar gozoso en mí, tu Salvador, aun en medio de las circunstancias adversas. Descansa en mí, *porque yo te hago estar fuerte. Te daré la velocidad de un venado y te conduciré con seguridad sobre la altura de las montañas.*

ÉXODO 3.14; HABACUC 3.17-19

APRENDE A VIVIR en mí desde tu verdadero
centro. Yo resido en lo más íntimo de tu ser en una
unión eterna con tu espíritu. Esto ocurre en un nivel
tan profundo que mi paz reina continuamente. Tú no
vas a encontrar una paz permanente en el mundo que
te rodea, en las circunstancias o en la relación con los
demás. El mundo externo está bajo la maldición de la
muerte y la decadencia. Pero muy dentro de ti hay una
mina de oro de paz esperando ser explotada. Dedica
tiempo para incursionar en las riquezas de mi
Presencia. Yo quiero que vivas cada vez más desde tu
verdadero centro, allí donde mi amor tiene una
influencia eterna sobre ti. *Yo estoy en ti y soy tu esperanza de gloria.*

COLOSENSES 3.15; COLOSENSES 1.27

LA CONFIANZA Y LA GRATITUD harán que tu día de hoy transcurra con seguridad. La confianza te protege de los desalientos y las obsesiones. La gratitud te protege contra las críticas y las quejas, esas «dos hermanas pecadoras» que tan fácilmente te complican la vida.

Mantener la vista en mí equivale a confiar en mí. Es una decisión que tienes que hacer libremente miles de veces en el día. Mientras más optas por creer en mí, más fácil te va resultando hacerlo. Los patrones de pensamiento de confianza se grabarán a fuego en tu cerebro. Cuando esto ocurre, las tribulaciones son enviadas a la periferia de tu mente de modo que yo llego a ser el centro de tus pensamientos. Así, concentrado en mí, puedes dejar tus preocupaciones por mi cuenta.

COLOSENSES 2.6-7; SALMO 141.8; 1 PEDRO 5.7

TÚ ME NECESITAS EN TODO MOMENTO.
Ser consciente de tu continua necesidad de mí es tu
fuerza más grande. Tus necesidades, adecuadamente
manejadas son un enlace con mi Presencia. Sin
embargo, hay trampas ante las cuales debes estar
alerta: autocompasión, exceso de preocupación, tendencia a darte por vencido. Tu falta de adecuación te
estará confrontando permanentemente a tener que
decidir entre una profunda dependencia de mí o la
desesperación. Esa sensación de vacío que sientes dentro de ti se llenará o con mi Presencia o con problemas. Hazme el centro de tu conciencia *orando en todo
momento*: oraciones breves que broten del momento
que estás viviendo. Usa mi nombre con toda libertad
lo que te estará recordando mi Presencia. *Pide y recibirás, para que tu alegría sea completa.*

1 TESALONICENSES 5.17; JUAN 16.24

MANTENTE ALERTA contra la trampa de la autocompasión. Cuando estás desanimado o indispuesto esta trampa demoníaca es el mayor peligro al que te puedas enfrentar. Ni siquiera te acerques al borde del pozo. Sus contornos se derrumban fácilmente y antes que te des cuenta ya estarás yendo hacia abajo. Siempre ha sido mucho más difícil salir del pozo que mantener una prudente distancia de sus orillas. Por eso es que te digo que te mantengas siempre en guardia.

Hay varias formas en que te puedes proteger de la autocompasión. Cuando estás ocupado alabándome y dándome gracias es imposible que sientas pena de ti mismo. Además, mientras más cerca vivas de mí mayor será la distancia entre ti y el pozo. Vive en la luz de mi Presencia *fijando tus ojos en mí*. Así podrás *correr con paciencia la carrera que tienes por delante* sin tropezar ni caer.

SALMO 89.15-16; HEBREOS 12.1-2

MANTENTE TRANQUILO EN LA LUZ de mi Presencia mientras te comunico mi amor. No hay fuerza en el universo tan poderosa como mi amor. Tú estás constantemente consciente de tus limitaciones. Las tuyas y las de los demás. Pero mi amor no tiene límites. Llena todos los espacios, tiempo y eternidad.

Tu conocimiento es ahora muy limitado, como si estuvieras viendo una figura en un espejo defectuoso; pero un día verás las cosas como son, cara a cara. Entonces podrás experimentar plenamente cuán amplio y largo y alto y profundo es mi amor por ti. Si tuvieras que experimentar eso ahora, te sentirías abrumado al punto de desfallecer. Pero tienes toda una eternidad por delante, absolutamente garantizada, durante la cual podrás disfrutar mi Presencia en un éxtasis sin restricciones. Por ahora, el conocimiento de mi amorosa Presencia es suficiente para guiarte a lo largo de este día.

1 CORINTIOS 13.12; EFESIOS 3.16-19

DESCANSA EN MI PRESENCIA, permitiéndome hacerme cargo de este día. No vayas por el día como un caballo de carrera recién liberado. En lugar de eso, camina pacientemente conmigo dejando que yo te guíe un paso a la vez. Agradéceme por cada bendición que encuentres en el camino porque esa bendición se traducirá en gozo tanto para ti como para mí. Un corazón agradecido te protegerá de pensamientos negativos. Ser agradecido te permite ver la abundancia que derramo sobre ti diariamente. Cuando tus oraciones y peticiones están hechas con una actitud de agradecimiento literalmente vuelan hasta mi trono, en el cielo. *Da gracias a Dios en cualquiera situación, porque esto es lo que Dios quiere de ti.*

COLOSENSES 4.2; 1 TESALONICENSES 5.18

A TRAVÉS DE TU VIDA YO TE VOY
GUIANDO PASO A PASO. Tómate de mi mano
en confiada dependencia permitiéndome que te guíe
durante todo el día. Tu futuro luce incierto y frágil e
incluso inestable. Así es como debería ser. *Hay secretos
que el Señor nuestro Dios no nos ha revelado* y las cosas
futuras son secretas. Cuando tratas de imaginarte el
futuro estás tratando de incursionar en cosas que son
mías. Esto, como toda otra forma de preocupación, es
un acto de rebeldía: es dudar de mis promesas de cui-
dar de ti.

Cuando te encuentres preocupándote sobre el
futuro, arrepiéntete y vuélvete a mí. Yo te indicaré cuál
es el próximo paso adelante que deberás dar y el
siguiente, y el siguiente. Relájate y disfruta el día en mi
Presencia, confiando en mí que te iré abriendo el
camino para que sigas adelante.

DEUTERONOMIO 29.29; SALMO 32.8

¡MANTÉN TUS OJOS EN MÍ! Ondas de adversidad se ciernen sobre ti y te sientes tentado a darte por vencido. En la medida que tus circunstancias vayan consumiendo más y más de tu atención irás perdiéndome de vista. Sin embargo, *yo siempre estoy contigo, sosteniéndote de tu mano derecha.* Y estoy plenamente consciente de tu situación; por lo tanto, *no dejaré que la tentación sea más fuerte de lo que puedas resistir.*

Tu mayor peligro es preocuparte del mañana. Si intentas cargar hoy con el peso del día de mañana, corres el peligro de caer. Debes disciplinarte para vivir dentro de los límites del día de hoy. Es en el momento presente cuando yo camino cerca de ti ayudándote a llevar la carga. Mantén tu atención en mi Presencia en este día.

SALMO 73.23; 1 CORINTIOS 10.13

DEJA DE JUZGARTE Y EVALUARTE porque esto no te corresponde a ti. Sobre todo, deja de compararte con otras personas. Hacerlo produce sentimientos de orgullo o inferioridad; y, a veces, una mezcla de ambos. Yo guío a cada uno de mis hijos a lo largo del camino que está hecho a la medida de cada uno. Comparar no solo es un error sino que también es algo absurdo.

No busques aprobación en el sitio equivocado: tus propias evaluaciones o las de otras personas. La única fuente de verdadera afirmación es mi amor incondicional. Muchos creyentes me perciben como un juez desagradable buscando enojado sus faltas y fracasos. ¡Nada más alejado de la verdad! Yo morí por tus pecados, de modo que *puedo cubrirte con vestiduras de salvación*. Así es como te veo: radiante *en mi manto de justicia*. Cuando te disciplino, nunca lo hago enojado o con disgusto; es para prepararte para que puedas tener una relación cara a cara conmigo por toda la eternidad. Sumérgete en mi amorosa Presencia. Sé receptivo a mi consentimiento que fluye constantemente de mi trono de gracia.

LUCAS 6.37; JUAN 3.16-17; ISAÍAS 61.10;
PROVERBIOS 3.11-12

ESTÁS EN EL CAMINO CORRECTO.
Escúchame más a mí y menos a tus dudas. Te voy
guiando por el camino que preparé solo para ti. Por lo
tanto, es un camino solitario, humanamente
hablando. Pero yo voy delante de ti y al lado tuyo, de
modo que nunca te sientas solo. No esperes que
alguien entienda cabalmente mis caminos contigo,
más de lo que tú podrías entender mi forma de rela-
cionarme con otros. Estoy revelándote el camino de
vida día por día, momento a momento. Como le dije
a mi discípulo Pedro, te lo digo a ti: *Sígueme.*

SALMO 119.105; JUAN 21.22

Marzo

Cuando ya ha sacado a todas las que son suyas, él va delante de ellas, y las ovejas lo siguen porque reconocen su voz.

JUAN 10.4

CUANDO ALGO EN TU VIDA O EN TUS PENSAMIENTOS te haga sentir ansioso, ven a mí y dime lo que te ocurre. *Pídele a Dios en toda ocasión y dale gracias*, diciendo: «Gracias, Dios por la oportunidad que me das de confiar más en ti». Aunque las lecciones de confianza que te mando van envueltas en dificultades, los beneficios superan largamente los costos.

Una confianza bien desarrollada te traerá muchas bendiciones, no solo las que están incluidas en mi paz. Yo he prometido *cuidarte en perfecta paz* en la medida que confíes en mí. El mundo tiene su propia idea y enseña que la paz es el resultado de tener suficiente dinero, posesiones, seguros y sistemas de protección. Mi paz, sin embargo, es un don que no tiene nada que ver con las circunstancias. Porque aunque pierdas todo lo que tienes, si tienes mi paz, eres rico.

FILIPENSES 4.6; ISAÍAS 26.3

YO SOY LA RESURRECCIÓN Y LA VIDA; toda vida perdurable emana de mí. La gente busca la vida en muchas maneras erróneas: corriendo tras placeres fugaces, acumulando posesiones y bienes, tratando de negar los efectos inevitables de la vejez. En cambio, yo ofrezco vida abundante a todo el que quiera volverse a mí. *Vengan a mí los que estén cansados y afligidos y yo los haré descansar. Lleven mi yugo y aprendan de mí.* Así es como decido vivir en el mundo y alcanzar mis propósitos. Así es también como te bendigo *y te lleno de una gran alegría.* El gozo es mío y la gloria es mía pero te la concedo a ti si vives en mi Presencia y me invitas a vivir plenamente en ti.

JUAN 11.25; MATEO 11.28-29; 1 PEDRO 1.8-9

YO TE AMO POR LO QUE ERES, no por lo
que haces. Numerosas voces tratan de controlar tu
mente, en especial cuando permaneces en silencio.
Debes aprender a diferenciar mi voz de las demás.
Pide a mi Espíritu que te dé este discernimiento.
Muchos de mis hijos acostumbran dar vueltas en círculos tratando de obedecer las diferentes voces que
intentan guiar sus vidas. El resultado es un estilo frag-
mentado y frustrante. No caigas en esa trampa.
Camina en todo momento cerca de mí, atendiendo a
mis instrucciones y disfrutando de mi compañía. No
dejes que otras voces te aten. *Las ovejas lo siguen porque reconocen su voz.*

EFESIOS 4.1-6; JUAN 10.4

¡RECHAZA EL ANGUSTIARTE! En este mundo siempre habrá algo que quiera afligirte. Es la naturaleza de un mundo caído. Las cosas no son como deberían. La tentación a estar ansioso está constantemente contigo tratando de controlar tu mente. La mejor defensa para esto es *estar siempre contento. Orar en todo momento. Dar gracias a Dios en cualquier situación.* Estar consciente de mi Presencia llenará tu mente con luz y paz lo que no dejará lugar para el temor. Esta condición te elevará por sobre tus circunstancias, capacitándote para ver los problemas desde mi perspectiva. ¡Vive cerca de mí! Juntos podemos mantener alejados a los lobos de la desesperanza.

LUCAS 12.25-26; 1 TESALONICENSES 5.16-18

HAZTE AMIGO DE LOS PROBLEMAS EN TU VIDA. Aunque muchas cosas parecen fortuitas y equivocadas no debes olvidar que yo soy soberano sobre todo lo que ocurre porque *hago que todo lo que te suceda sea para tu bien* pero solo en la medida que confíes en mí. Cualquier problema te puede enseñar algo, transformándote poco a poco en la obra maestra que diseñé al crearte. Si reaccionas con desconfianza y rebeldía, cualquier problema se puede convertir en un tropezadero que te haga caer. La decisión es tuya y muchas veces durante el día tendrás que decidir si confías en mí o te rebelas contra mí.

La mejor manera de hacer amistad con tus problemas es darme gracias por ellos. Esta sencilla acción abrirá tu mente a la posibilidad de disfrutar de los beneficios que fluyan de ellos. Incluso a los que se presentan con cierta frecuencia puedes ponerles apodos lo que te puede ayudar a enfrentarlos con una actitud de familiaridad en lugar de con temor. El próximo paso es presentármelos a mí, dejándome que los acoja en mi amorosa Presencia. No necesariamente te los quitaré pero mi sabiduría es suficiente como para obtener gozo de cada uno de ellos.

ROMANOS 8.28; 1 CORINTIOS 1.23-24

SIGUE CAMINANDO CONMIGO, disfrutando de mi Presencia incluso en los momentos de adversidad. Yo voy siempre delante de ti pero a la misma vez camino a tu lado. Obsérvame cómo te hago señas como queriendo decirte: «¡Ven! Sígueme». El que puede ir delante de ti allanándote el camino, es el mismo que camina al lado tuyo y que no te suelta de la mano. Yo no estoy sujeto a limitaciones de tiempo o espacio. Estoy en todas partes al mismo tiempo, trabajando incesantemente para tu bien. Por eso es que tus mejores esfuerzos deben ser confiar en mí y vivir cerca de mí.

HEBREOS 7.25; SALMO 37.3-4

DÉJAME AYUDARTE a lo largo de este día. El desafío que enfrentas es demasiado grande para que lo puedas manejar tú solo. Si estás consciente de tu incapacidad para enfrentarlos esta realidad te enfrentará a una decisión: insistir en seguir solo o caminar conmigo en humilde dependencia. En realidad, esta decisión está en forma permanente delante de ti pero las dificultades acentúan el proceso de hacer decisiones. Entonces, *que te dé gran alegría cuando pases por diferentes pruebas.* Estos son dones que te doy para recordarte que confíes solamente en mí.

SALMO 63.7-8; SANTIAGO 1.2-3

AHORRA TUS MEJORES ESFUERZOS
BUSCANDO MI ROSTRO. Yo estoy comuni-
cándome constantemente contigo. Para hallarme y
escuchar mi voz deberás buscarme por sobre todo lo
demás. Cualquiera cosa que desees más que a mí se
convierte en un ídolo. Cuando estás decidido a seguir
tu propio camino me estás quitando de tu conciencia.
En lugar de insistir en ir tras tus propias metas, compártelo conmigo. Deja que la luz de mi Presencia te
alumbre en este intento de modo que puedas verlo
desde mi perspectiva. Si lo que buscas alcanzar está
acorde con mis planes para ti, te ayudaré a conse-
guirlo. Pero si es algo contrario a mis planes para ti, iré
cambiando gradualmente el deseo de tu corazón.
Busca el reino de Dios y haz lo que es justo; de este
modo el resto de tu vida encajará, pieza por pieza, en
su correspondiente lugar.

1 CRÓNICAS 16.11; MATEO 6.33

REPOSA EN MI PRESENCIA RADIANTE.
El mundo alrededor tuyo parece girar más y más
rápido hasta el punto que todo llega a verse borroso.
Pero al centro de tu vida hay un almohadón de calma
donde vives en unión conmigo. Regresa a este recon-
fortante centro tan pronto como puedas porque ahí es
donde recuperarás las energías al ser lleno de mi
amor, gozo y paz.

El mundo es un lugar de necesidad. No busques
apoyo allí. En lugar de eso, ven a mí. Aprende a depender solo de mí y tus debilidades se saturarán con mi
poder. Cuando encuentres en mí tu plenitud podrás
ayudar a otros sin usarlos para satisfacer tus propias
necesidades. Vive en la luz de mi Presencia y tu propia
luz brillará esplendorosa en las vidas de los demás.

GÁLATAS 5.22; 1 JUAN 4.12

TÚ ERES MÍO TODO EL TIEMPO y más allá del tiempo, en la eternidad. Ningún poder puede negar tu herencia en los cielos. Quiero que te des cuenta cuán seguro estás. Incluso si flaqueas en tu camino por la vida, yo nunca te soltaré de la mano.

Saber que tu futuro está absolutamente asegurado te puede liberar para que vivas el día de hoy abundantemente. Yo he preparado con la mayor ternura este día para ti atendiendo a cada detalle. En lugar de enfrentar el día como una página en blanco que te es necesario llenar, trata de vivirlo en una forma sensible: poniendo atención en todo lo que yo estoy haciendo. Esto parece fácil pero requiere un profundo nivel de confianza basado en el convencimiento que *mi camino es perfecto*.

SALMO 37.23-24; SALMO 18.30

ANDA POR FE, NO POR VISTA. Al andar
por fe, dependiendo de mí, te mostraré todo lo que
puedo hacer por ti. Si vives tu vida demasiado segura,
nunca conocerás la emoción de ver mi obra en ti.
Cuando te di mi Espíritu, te capacité para vivir más
allá de tus posibilidades y fuerza naturales. Por eso es
que resulta tan equivocado medir el nivel de tu energía contra los desafíos que tienes por delante. El punto
no es tu fuerza sino la mía, la cual es ilimitada. Al
caminar cerca de mí, podrás lograr mis propósitos en
mi fuerza.

2 CORINTIOS 5.7; GÁLATAS 5.25

ESPERAR Y CONFIAR están intrínsecamente conectados como las hebras doradas entretejidas para formar una cadena. Confiar es la hebra central porque es la reacción de mis hijos que yo más deseo. Esperar embellece el hilo central y fortalece la cadena que te conecta conmigo. Esperar que yo actúe con tus ojos fijos en mí es evidencia que en realidad confías en mí. Pero si con tu boca pronuncias las palabras «Confío en ti» pero con tus hechos tratas ansiosamente de hacer las cosas por tu propia cuenta tus palabras suenan huecas. La esperanza está orientada hacia el futuro conectándote con tu herencia en el cielo. Sin embargo, los beneficios de la esperanza caen plenamente sobre ti en el presente.

Porque eres mío, no tienes por qué pasar tiempo esperando. Puedes hacerlo con expectación en una confianza esperanzadora. Mantén tus «antenas» levantadas para captar aun el brillo más tenue de mi Presencia.

JUAN 14.1; SALMO 27.14; HEBREOS 6.18-20

APRENDE A VIVIR por encima de tus circunstancias. Esto requiere tiempo enfocado en mí, *el que
venció al mundo*. La angustia y la tribulación están
entretejidas en la tela de este mundo que perece. Solo
mi vida en ti te puede capacitar para hacer frente a
este interminable fluir de problemas de buen ánimo.

Al permanecer en quietud en mi Presencia yo
derramo paz en tu mente y corazón atribulados. Poco
a poco serás liberado de las cadenas terrenales y elevado por sobre tus circunstancias. Alcanzarás mi perspectiva para tu vida lo que te capacitará para
distinguir entre lo que es importante y lo que no lo es.
Reposa en mi Presencia *recibiendo esa alegría que
nadie te podrá quitar*.

JUAN 16.33; JUAN 16.22

No dudes en recibir gozo de mí, porque yo te lo ofrezco abundantemente. Mientras más descanses en mi presencia, más libremente fluirán mis bendiciones hacia ti. En la luz de mi amor eres gradualmente *transformado de gloria en gloria*. Es solo pasando tiempo conmigo que *podrás entender lo ancho, largo, alto y profundo que es mi amor por ti*.

A veces, la relación que te ofrezco puede parecer demasiado buena para que sea verdad. Yo derramo mi vida en ti y todo lo que tienes que hacer es recibirme. En un mundo que se caracteriza por trabajar y acumular, la amonestación a descansar y recibir parece demasiado fácil. Hay una conexión bastante compleja entre recibir y creer. Mientras más confíes en mí, más apto estarás para recibirme y conmigo la abundancia de mi bendición. *¡Silencio! ¡Sepan que yo soy Dios!*

2 Corintios 3.18; Efesios 3.17-19;
Salmo 46.10

ESCUCHA LA CANCIÓN DE AMOR que
estoy cantando continuamente para ti. *¡El Señor tu
Dios ha llegado para vivir en medio de ti! Él es tu
Salvador poderoso, que siempre cuidará de ti. Él se regocijará en ti con gran alegría; te amará y no te acusará.*
Las voces del mundo son una cacofonía que tratan de
llevarte al caos. No escuches esas voces, enfréntalas
con mi Palabra. Aprende a tomar pequeños descansos
del mundo, encontrando un lugar donde puedas estar
tranquilo en mi Presencia y escuchar mi voz.

Si me escuchas, podrás encontrar grandes tesoros
escondidos. Aunque estoy continuamente derramando bendiciones sobre tu vida, algunas de mis más
ricas bendiciones necesitan buscarse. Me agrada reve-
larme a ti. La actitud de búsqueda de tu corazón te
capacita para recibir más de mí. *Pide y se te concederá
lo que pidas. Busca y hallarás. Toca y se te abrirá la
puerta.*

SOFONÍAS 3.17; MATEO 7.7

ES BUENO QUE RECONOZCAS TUS DEBILIDADES. Eso te mantendrá con tus ojos puestos en mí, tu fortaleza. Vida abundante no es necesariamente salud y riqueza; es vivir en continua dependencia de mí. En lugar de tratar de ajustar este día en un molde preconcebido, relájate y observa lo que estoy haciendo. Esta actitud te habilitará para que te regocijes con mi compañía y busques y encuentres lo que yo he planeado para que hagas. Esto es mucho mejor que tratar de hacer las cosas para que se ajusten a tus propios planes.

No te tomes demasiado en serio. Relájate y ríe conmigo. Me tienes a tu lado, así es que, ¿para qué preocuparte? Yo te puedo capacitar para que puedas hacer cualquiera cosa dentro de mi voluntad. Mientras más complicado sea tu día más anhelo ayudarte. La ansiedad te hace esconderte en ti mismo, atrapándote en tus propios pensamientos. Cuando me miras a mí y pronuncias mi nombre, te liberas y recibes mi ayuda. Concéntrate en mí y hallarás paz en mi Presencia.

FILIPENSES 4.13; PROVERBIOS 17.22

SI BUSCAS QUIEN TE ENTIENDA, ven a mí porque te conozco mejor de lo que te conoces tú mismo. Yo te entiendo en toda tu complejidad; *Sé cuando te sientas o cuando te levantas. Cuando estás lejos conozco cada uno de tus pensamientos. Trazo la senda delante de ti, y te digo donde debes descansar. Cada momento sé donde estás. Sé lo que vas a decir antes que lo digas.* Te veo a través de los ojos de la gracia así es que no tengas temor del conocimiento que tengo de ti. Deja que la luz de mi Presencia sanadora brille en los rincones más intrincados de tu vida limpiando, sanando, refrescando. Confía en mí lo suficiente como para aceptar el perdón más completo que te ofrezco permanentemente. Este inmenso regalo, que me costó la vida, es tuyo por toda la eternidad. El perdón es el centro de mi Presencia perdurable. *No te abandonaré ni dejaré de ayudarte.*

Cuando parezca que nadie te entiende, acércate más a mí. Deléitate en quien te entiende en forma cabal y te ama con la perfección más absoluta. Al llenar tu vida con mi amor, te transformas en un depósito de amor, inundando las vidas de otras personas.

SALMO 139.1-4; 2 CORINTIOS 1.21-22;
JOSUÉ 1.5

Jesús te llama

CONFÍA EN MÍ DÍA A DÍA. Esto te mantendrá cerca de mí, receptivo a mi voluntad. Confiar no es una reacción natural, especialmente para aquellos que han sido heridos en sus emociones. Mi Espíritu dentro de ti es tu mentor en residencia, ayudándote en este esfuerzo. Permítele que te bendiga con su toque amoroso. Sé sensible a sus impulsos.

Ejerce tu voluntad para confiar en mí en toda circunstancia. No permitas que tu necesidad de entender te distraiga de mi Presencia. Yo te capacitaré para que transites victorioso por este día mientras vives en profunda dependencia de mí. *No te preocupes por lo que sucederá mañana, pues mañana tendrás tiempo para hacerlo. Ya tienes suficiente con los problemas de hoy.* Confía en mí día a día.

SALMO 84.12; MATEO 6.34

YO TE HABLO DESDE LO PROFUNDO
DE TU SER. Escúchame diciéndote palabras tran-
quilizadoras, dándote la seguridad de mi amor. No
escuches las voces de acusación porque esas voces no
proceden de mí. Yo te hablo en tonos de amor para
elevarte por sobre cualquiera circunstancia. Mi
Espíritu limpia las culpas sin palabras duras que aver-
güencen. Deja que el Espíritu se haga cargo de tu
mente, limpiándola de toda maraña de desilusión.
Déjate transformar por la verdad que yo vivo en ti.

La luz de mi Presencia está brillando sobre ti en
bendiciones de paz. Deja que mi luz te alumbre; no la
oscurezcas con preocupaciones y temores. La santidad
me está haciendo vivir a través de ti. Como yo vivo en
ti, tú estás completamente preparado para ser santo.
Detente antes de reaccionar ante personas o situaciones, dando a mi Espíritu espacio para actuar a través
de ti. Las palabras y acciones precipitadas no dejan
espacio para mí; esta es una forma atea de vivir.
Quiero habitar permanentemente en ti otorgando
gracia a tus pensamientos, palabras y modo de ser.

ROMANOS 8.1-2; COLOSENSES 1.27;
1 CORINTIOS 6.19

DAME LAS GRACIAS POR EL GLORIOSO
DON DE MI ESPÍRITU. Esto es como cebar la
bomba de un pozo. Al traerme el sacrificio de gratitud, sin importar tus sentimientos, mi Espíritu podrá
trabajar más libremente dentro de ti. Esto producirá
tanta gratitud y libertad que tu vida se rebalsará de
gratitud.

Diariamente estoy derramando bendiciones sobre
ti pero a veces no te das cuenta de ello. Cuando tu
mente está atascada en un enfoque negativo no te es
posible ver ni a mí ni mis dones. Por fe agradéceme
por cualquiera cosa que esté ocupando tu mente. Al
hacerlo estarás destruyendo el bloqueo y entonces
podrás encontrarme.

SALMO 50.14; 2 CORINTIOS 5.5;
2 CORINTIOS 3.17; SALMO 95.2

CONFÍA EN MÍ Y NO TENGAS MIEDO, *porque yo soy tu fuerza y tu canción.* Piensa en lo que significa tenerme a mí como tu fuerza. Yo hablé y por mi palabra se hizo el universo; mi poder es absolutamente ilimitado. La debilidad humana, consagrada a mí es como un imán, atrae mi poder hacia tu necesidad. Sin embargo, el temor puede bloquear el fluir de mi fuerza hacia ti. En lugar de tratar de enfrentarte a tus temores concéntrate en confiar en mí. Cuando tu vínculo conmigo esté basado en una firme confianza, no habrá límites a las fuerzas que te puedo dar.

Recuerda que yo también soy tu canción. Quiero que compartas mi gozo viviendo en una forma consciente de mi Presencia. Alégrate mientras nos dirigimos, tú y yo, al cielo; únete a mí para cantar mi canción.

ISAÍAS 12.2-3; SALMO 21.6

¡REGOCÍJATE Y SÉ AGRADECIDO! Mientras caminas conmigo a lo largo de este día, practica confiar y darme las gracias. La confianza es el canal a través del cual fluye mi paz hacia ti. Una actitud de agradecimiento te eleva por sobre tus circunstancias.

Yo hago mis más grandes obras a través de personas con corazones agradecidos y confiados. En lugar de planificar y evaluar, practica confiar y agradecerme continuamente. Este es un giro que revolucionará tu vida.

FILIPENSES 4.4; SALMO 95.1-2; SALMO 9.10

YO SOY UN DIOS tanto de los detalles intrincados como de la abundancia que se rebalsa. Cuando
confíes los detalles de tu vida a mí, te vas a sorprender
por la forma tan generosa en que contesto tus peticiones. Me agrada oír tus oraciones así es que siéntete en
libertad de traerme todas tus necesidades. Mientras
más oras, más respuestas puedes recibir. Pero lo mejor
de todo es que tu fe se fortalece al ver cómo respondo
a tus peticiones específicas.

Porque yo soy infinito en todos mis caminos tú
no tienes por qué temer que me pueda quedar sin
recursos. La *abundancia* se encuentra en el corazón
mismo de quien soy. Ven a mí en gozosa expectativa
de recibir todo lo que necesitas… y hasta mucho más.
Mi deleite es derramar bendiciones sobre mis hijos
amados. Ven a mí con manos y corazón abiertos, listo
para recibir todo lo que tengo para ti.

SALMO 36.7-9; SALMO 132.15; JUAN 6.12-13

ESTE ES UN TIEMPO EN TU VIDA
CUANDO DEBES APRENDER A SOLTARTE:
de tus seres queridos, de tus posesiones, de tu autocontrol. Para soltarte de algo que te es de mucha
estima necesitas descansar en mi Presencia, donde
estarás completo. Tómate tu tiempo para disfrutar en
la luz de mi amor. A medida que te vas relajando, tus
manos crispadas se van abriendo y dejando tus preciosas posesiones a mi cuidado.

Si estás consciente de mi Presencia continua puedes sentirte seguro incluso en medio de cambios cata-
clísmicos. El que nunca te deja es el mismo que nunca
cambia: *Yo soy el mismo ayer, hoy y por los siglos.*
Cuando empieces a dejar tus cosas a mi cuidado no
debes olvidar que yo jamás te soltaré de la mano. En
esto descansa tu seguridad que nadie ni ninguna circunstancia te la puede quitar.

SALMO 89.15; HEBREOS 13.8; ISAÍAS 41.13.

DEJA QUE LA GRATITUD TEMPLE TODOS TUS PENSAMIENTOS. Una actitud de agradecimiento te permitirá mantenerte en contacto conmigo. No me gusta cuando mis hijos rezongan despreciando mi soberanía. La gratitud es un seguro contra este pecado fatal. Además, una actitud de agradecimiento es el medio por el cual se puede percibir la vida. La gratitud te capacita para que puedas ver la luz de mi Presencia alumbrando en todas tus circunstancias. Cultiva un corazón agradecido porque esto me glorifica y te llena de gozo.

1 CORINTIOS 10.10; HEBREOS 12.28-29

ESPERAR EN MÍ implica dirigir tu atención a mi rostro en esperanzadora anticipación de lo que haré. Esto implica confiar en mí con cada fibra de tu ser en lugar de tratar de imaginarte cosas. Esperar en mí es la forma que yo diseñé para que vivas: todos los días, cada día. Te creé para que estuvieras consciente de mí mientras estás cumpliendo con tus tareas diarias.

Yo he prometido muchas bendiciones a quienes esperan en mí: fuerzas renovadas, vivir por sobre las circunstancias de cada uno, resurgimiento de la esperanza, seguridad de mi Presencia continua. Esperar en mí te capacita para glorificarme viviendo en una profunda dependencia de mí, listo para hacer mi voluntad. También te ayuda a alegrarme; *en mi Presencia hay plenitud de gozo.*

LAMENTACIONES 3.24-26; ISAÍAS 40.31;
SALMO 16.11

CONSERVA LA CALMA EN MI PRESENCIA aun cuando incontables tareas reclamen tu atención. Nada es tan importante como pasar tiempo conmigo. Mientras esperas en mi Presencia yo hago mi mejor trabajo dentro de ti: *trasformarte por la renovación de tu mente.* Si escatimas tiempo para estar conmigo es posible que caigas de cabeza en actividades equivocadas, perdiéndote la riqueza de lo que he planeado para ti.

No me busques primariamente por lo que puedo hacer por ti. Recuerda que yo, el Dador, soy infinitamente más grande que cualquier regalo que te pueda dar. Aunque disfruto bendiciendo a mis hijos, me duele profundamente cuando mis bendiciones se transforman en ídolos en sus corazones. Cualquiera cosa puede transformarse en un ídolo si logra distraerte de mí como tu *primer amor.* Cuando yo soy el deseo máximo de tu corazón, estás a salvo del peligro de la idolatría. Mientras esperas en mi Presencia, disfruta el más grande don de todos: *¡Cristo está en ti y es tu esperanza de gloria!*

ROMANOS 12.2; APOCALIPSIS 2.4;
COLOSENSES 1.27

YO SOY UN DIOS QUE DA y da y da. Cuando morí por ti en la cruz no retuve nada: entregué mi vida *como una ofrenda*. Debido a que dar es algo inherente a mi naturaleza busco personas dispuestas a recibir en medida remecida. Para aumentar tu intimidad conmigo las dos cualidades que más necesitas son receptividad y concentración. Receptividad significa abrir tu ser más íntimo para que sea lleno con mis abundantes riquezas. Concentración quiere decir dirigir tu mirada a mí, buscándome en todos tus momentos. O, como dice el profeta Isaías que *tus pensamientos me busquen a menudo*. A través de tal concentración tú recibes un regalo glorioso: Mi paz perfecta.

FILIPENSES 2.17; MARCOS 10.15; ISAÍAS 26.3

DÉJATE DE HACER COSAS antes que haya llegado el momento de hacerlas. Acepta las limitaciones de vivir día a día. Cuando algo capte tu interés pregúntame si es parte o no de mi agenda para el día de hoy. Si no lo es, déjamelo a mí y sigue con lo que has venido haciendo hoy. Cuando sigas esta práctica las cosas se simplificarán notablemente en tu vida: un tiempo para cada cosa y cada cosa en su tiempo. O, como dice el Eclesiastés: *Para todo hay un tiempo oportuno.*

Una vida vivida cerca de mí no es ni complicada ni desordenada. Cuando te concentras en mi Presencia, muchas cosas que alguna vez te afligieron pierden su poder. Aunque el mundo a tu alrededor sea desordenado y confuso, recuerda que *yo les he dicho estas cosas para que en mí encuentren paz.*

ECLESIASTÉS 3.1; JUAN 16.33

YO TENGO CUIDADO DE TI. Confía en mí en todo tiempo. Confía en mí en toda circunstancia. *Confía en mí con todo tu corazón.* Cuando estás desalentado y todo parece salir mal, aun puedes pronunciar estas cuatro palabras: «Creo en ti, Jesús». Al hacerlo estarás liberando cosas y poniéndolas bajo mi control y tú volverás a estar en la seguridad de *mis brazos eternos.*

Antes que saltes de la cama por la mañana, yo ya he ordenado las cosas para este tu día. Cada día ofrece muchas oportunidades para aprender mis caminos y acercarte más a mí. Las señales de mi Presencia brillan aun en los días tediosos, cuando tienes ojos que realmente ven. Búscame como buscarías un tesoro escondido. *Me hallarás.*

PROVERBIOS 3.5; DEUTERONOMIO 33.27;
JEREMÍAS 29.13-14

PRUÉBAME Y COMPRUEBA QUE YO SOY
BUENO. Mientras más íntima sea tu experiencia
conmigo, más convencido estarás de mi bondad. Yo
soy *el Dios viviente* que te ve y que anhela participar en
tu vida. Te estoy preparando para que me encuentres
en cada momento y para que seas un canal de mi
amorosa Presencia. A veces mis bendiciones llegan a ti
en formas misteriosas: a través del dolor y de los problemas. En tales momentos podrás conocer mi bondad pero solo si confías en mí. El entendimiento te
puede fallar pero la confianza te mantendrá muy cerca
de mí.

Dame las gracias por el don de mi paz, de tan
inmensas proporciones que no podrías sondear su
profundidad ni su anchura. Cuando después de la
resurrección aparecí a mis discípulos fue la paz lo primero que les impartí. Yo sabía que esa era su más
urgente necesidad: calmar sus miedos y tranquilizar
sus mentes. También te hablo de paz a ti porque
conozco tus pensamientos ansiosos. ¡Escúchame!
Detén cualesquiera otras voces para que puedas oírme
más claramente. Yo te diseñé para que vivas en paz
todo el día, cada día. Acércate a mí; recibe mi paz.

SALMO 34.8; GÉNESIS 16.13-14; JUAN 20:19;
COLOSENSES 3.15

Abril

Busca la voluntad del Señor
en todo lo que hagas,
y él dirigirá tus caminos.

PROVERBIOS 3.6

YO TE ESTOY LLAMANDO a una vida de constante comunión conmigo. El entrenamiento básico incluye aprender a vivir por sobre tus circunstancias, incluso mientras interactúas en ese confuso plano de vida. Aunque anheles un estilo de vida simplificado de modo que tu comunicación conmigo no pueda ser interrumpida, yo te desafío a renunciar a la fantasía de un mundo ordenado. Acepta cada día tal como viene y búscame en medio de él.

Háblame sobre cada aspecto de tu día incluyendo tus sentimientos. Recuerda que tu meta más ambiciosa no es controlar o arreglar las cosas que te rodean sino mantener tu comunicación conmigo. Un día exitoso es aquel en el que has permanecido en contacto conmigo aunque muchas cosas queden sin hacer. No dejes que tu agenda, escrita o mental se transforme en un ídolo que controle tu vida. Más bien pídele a mi Espíritu que te guíe momento a momento. Él te mantendrá cerca de mí.

1 TESALONICENSES 5.17; PROVERBIOS 3.6

YO HE PROMETIDO *satisfacer todas tus necesidades según mis gloriosas riquezas.* Tu necesidad más profunda y constante es gozar de mi paz. Yo he puesto semillas de paz en el huerto de tu corazón, que es donde yo vivo. Pero junto con las plantitas crece la maleza: orgullo, preocupaciones, egoísmo, incredulidad. Yo soy el hortelano que trabajo para limpiar tu corazón de esa cizaña. Y lo hago en varias maneras. Cuando te sientes tranquilo conmigo, proyecto la luz de mi Presencia directamente a tu corazón. En esta luz celestial la paz crece abundantemente y la maleza se marchita. También lo hago enviando pruebas a tu vida. Cuando confías en mí en medio de la tribulación, la paz florece y la maleza se seca. Dame las gracias por las situaciones de conflicto porque la paz que pueden producir excede con creces las pruebas que debes soportar.

FILIPENSES 4.19; 2 CORINTIOS 4.17

EN MÍ, TÚ LO TIENES TODO. En mí, estás completo. Tú capacidad para conocerme va en aumento en la medida que yo quito los desechos y las cosas inservibles que hay en tu corazón. Mientras que tu interés por mí aumenta, otros deseos empiezan a menguar. Como yo soy infinito y abundantemente accesible, desearme más que todas las cosas es la mejor forma de vivir.

Es imposible que tengas una necesidad que yo no pueda atender. Después de todo, yo te creé a ti y todo lo que existe. El mundo sigue existiendo bajo mis órdenes aunque a veces pareciera que no es así. No te dejes impresionar por las apariencias. *Porque lo que se ve es pasajero, mientras que lo que no se ve no cesará jamás.*

EFESIOS 3.20; 2 CORINTIOS 4.18

YO ME REÚNO CONTIGO en la quietud de tu alma. Es allí donde te busco. Una persona que es sensible a mi Presencia es excepcionalmente preciosa para mí. *Mis ojos recorren el mundo* buscando a aquellos que tienen un corazón que me busque. Yo te veo tratando de encontrarme; nuestra búsqueda mutua dará como resultado un gozo completo.

La quietud del alma es algo que se está perdiendo más y más en este mundo adicto a la velocidad y al ruido. Por eso, si deseas crear un espacio de quietud donde tú y yo podamos encontrarnos, eso me complace sobremanera. Que las dificultades para alcanzar esta meta no te desalienten. Yo monitoreo todos tus esfuerzos y me siento bendecido por cada uno de tus esfuerzos para ver mi rostro.

ZACARÍAS 2.13; 2 CRÓNICAS 16.9;
SALMO 23.2-3

DÉJAME LLENARTE con mi amor, mi gozo y mi paz. Estos son dones de gloria que fluyen desde mi Presencia viviente. Aunque tú eres una *vasija de barro*, yo te diseñé para que seas lleno de contenido celestial. Tus debilidades no son un impedimento para que mi Espíritu te llene; por el contrario, ellas proveen una oportunidad para que mi poder brille más abundantemente.

Mientras avanzas en este día hazlo confiando en que yo te daré las fuerzas que necesitas momento a momento. No malgastes tus energías preguntándote si estás en condiciones de enfrentar el día de hoy. Mi Espíritu viviendo en ti es más que suficiente para manejar cualquiera situación que el día pudiera traer. ¡Esta es la base para tu confianza! *En la quietud* (pasando tiempo a solas conmigo) *y confianza en mí* (reposando en mi suficiencia) *está tu fuerza.*

2 CORINTIOS 4.7; ISAÍAS 30.15

TRÁEME EL SACRIFICIO de acción de gracias. No des nada por hecho, ni siquiera el ascenso del sol cada mañana. Antes que Satanás tentara a Eva en el Huerto del Edén, la gratitud era algo tan natural como la respiración. La tentación de Satanás significó dirigir a Eva hacia la única cosa que tenía prohibida. El huerto estaba lleno de frutas deliciosas y deseables pero Eva, en lugar de ser agradecida por las muchas cosas buenas que tenía a su disposición, puso sus ojos en la única fruta que no podía pretender. Este enfoque negativo oscureció su mente y sucumbió a la tentación.

Cuando diriges tu atención a lo que no tienes o a situaciones que te desagradan tu mente también se entenebrece. Y das por hechas cosas como la vida, la salvación, la luz del sol, las flores y numerosos otros dones dados por mí. Buscas lo que no te conviene y te resistes a disfrutar la vida mientras no lo consigas.

Cuando vienes a mí en actitud de agradecimiento la luz de mi Presencia se derrama sobre ti trasformándote de pies a cabeza. *Anda en la luz* conmigo practicando la disciplina de la acción de gracias.

SALMO 116.17; GÉNESIS 3.2-6; JUAN 1.7

YO SOY EL ALFARERO, *tú eres mi arcilla*. Te diseñé desde antes de la fundación del mundo. Yo arreglo todo cada día para que calces dentro de este patrón preconcebido. Mi amor eterno está actuando en cada aspecto de tu existencia. Algunos días juntas, tu voluntad y la mía fluyen suavemente. Sientes que estás en control de tu vida cuando nuestras voluntades están en armonía. Otros días sientes como si te estuvieras hundiendo mientras luchas contra la corriente de mis propósitos. Cuando esto ocurra, detente y busca mi rostro. La oposición que sientas podría venir de mí o del maligno.

Háblame sobre lo que estás sintiendo. Deja que mi Espíritu te guíe a través de las aguas traicioneras. Mientras pasas conmigo por corrientes turbulentas deja que las circunstancias te lleven a una de las cosas que deseo que seas. Di *sí* a tu alfarero mientras vas viviendo este día.

ISAÍAS 64.8; SALMO 27.8

YO ESTOY CONTIGO Y POR TI, tu compañero y proveedor constante. La cuestión es si tú estás conmigo y por mí. Aunque nunca te dejo, tú, si quieres, puedes hacerlo ignorándome, pensando y actuando como si no estuviera contigo. Cuando te sientes distante en nuestra relación sabes dónde está el problema. Mi amor por ti es constante; *Yo soy el mismo ayer, hoy, y por los siglos.* Eres tú el que cambia, como las dunas de arena en el desierto dejando que las circunstancias te sacudan a su gusto.

Cuando te sientas lejos de mí, pronuncia mi nombre. Este simple acto, hecho con la candidez y fe de un niño, sensibilizará tu corazón a mi Presencia. Háblame en tono amoroso; prepárate para recibir mi amor que fluye eternamente desde la cruz. Me gozo cuando eres sensible a mi amorosa Presencia.

GÉNESIS 28.15; ROMANOS 8.31; HEBREOS 13.8

TÚ ERES MÍO PARA SIEMPRE; *nada puede separarte de mi amor*. Ya que yo he invertido mi vida en ti, ten la completa seguridad que te cuidaré. Cuando pones tu mente en neutro y dejas que tus pensamientos fluyan libremente, tiendes a sentirte ansioso concentrándote solo en la solución de los problemas. Para poner de nuevo tu mente en marcha necesitas volverte a mí, trayéndote a ti mismo y a tus problemas a mi Presencia.

Cuando te das cuenta que nunca estás solo los muchos problemas se desvanecen instantáneamente a la luz de mi amor. Esos muchos otros problemas pueden quedar pero ocupan un lugar secundario ante conocerme y gozarte en la relación que yo francamente te ofrezco. A cada momento te enfrentas a la decisión de estar en mi presencia o en la presencia de esos otros problemas.

ROMANOS 8.38-39; ÉXODO 33.14

CONFÍAME CADA DETALLE DE TU VIDA.
En mi reino nada es fortuito. Si me amas, *todo lo que
te suceda será para tu bien.* En lugar de tratar de anali-
zar las sutilezas de este patrón concentra tu energía en
confiar en mí y darme gracias en todo tiempo. Nada
se pierde cuando caminas cerca de mí. Incluso tus faltas y pecados pueden ser reciclados para obtener de
ellos algo bueno mediante mi gracia transformadora.

   Cuando aún vivías en oscuridad, yo empecé a
proyectar la luz de mi Presencia en tu vida manchada
por el pecado hasta que te saqué del fango en que te
encontrabas y te traje a mi luz maravillosa. Habiendo
sacrificado mi vida por ti, puedes confiar en mí en
cada instancia de tu vida.

JEREMÍAS 17.7: ROMANOS 8.28; SALMO 40.2;
1 PEDRO 2.9

ESTE ES EL DÍA QUE HE HECHO, regocíjate y alégrate en él. Comienza el día con manos de fe abiertas, listo para recibir todo lo que he preparado para darte en esta pequeña porción de tu vida. Cuídate de no quejarte de nada, incluyendo el tiempo, ya que yo soy el autor de cada circunstancia. La mejor forma de enfrentar situaciones desagradables es agradecerme por ellas. Este acto de fe te libera de resentimientos y me permite cumplir mis planes en cada caso de modo que de ello surja algo bueno.

Para hallar gozo en este día debes vivir dentro de estos límites. Yo sabía lo que estaba haciendo cuando dividí el tiempo en segmentos de veinticuatro horas. Entiendo la fragilidad humana y sé que tú puedes cargar el peso de solo un día a la vez. No te preocupes por mañana ni te quedes atrapado en el ayer. Hay abundancia de vida en mi Presencia para el día de hoy.

SALMO 118.24; FILIPENSES 3.13-14

CONFIAR EN MÍ es una decisión que debes hacer momento a momento. Mi pueblo no siempre ha aprendido esta verdad. Después que realicé milagros en el desierto, aquellos a quienes escogí por hijos creyeron en mí absolutamente… pero solo temporalmente. Pronto comenzaron de nuevo las quejas y los rezongos, poniendo a prueba mi paciencia al máximo.

¿No ocurre lo mismo contigo? Confías en mí cuando las cosas van bien, cuando percibes que estoy actuando a tu favor. Este tipo de confianza fluye sin esfuerzos desde dentro de ti sin que tenga que intervenir tu voluntad. Pero cuando las cosas van mal, el flujo de tu confianza se reduce y se solidifica. Y te ves en la disyuntiva de confiar en mí o rebelarte, dudando de mi mejor intención para contigo. Esto es como un cruce de caminos. Mi recomendación es que te mantengas en la senda de vida conmigo, disfrutando de mi Presencia. Decídete a confiar en mí en toda circunstancia.

ÉXODO 15.22-25; SALMO 31.14

CUANDO NO TE dé instrucciones especiales, quédate donde estás. Concéntrate en hacer tus labores diarias en la seguridad de mi Presencia contigo. El gozo de mi Presencia te alumbrará en todo lo que hagas por mí. De esta manera estarás invitándome a estar presente en cada aspecto de tu vida. Al colaborar conmigo en esto estás permitiendo que mi vida se una con la tuya. Este es el secreto no solo de una vida gozosa sino también de un vivir en victoria. Yo te diseñé para que dependas de mí en todo momento, reconociendo *que separado de mí no puedes hacer nada.*

Agradece los días tranquilos cuando pareciera que nada extraordinario va a ocurrir. En lugar de sentirte aburrido por la falta de acción, usa tu tiempo de rutina para buscar mi rostro. Aunque este es un proceso invisible, dice mucho en el reino espiritual. Además, te bendices ricamente cuando andas conmigo en confianza y dependencia a lo largo de las rutinas de tu día.

COLOSENSES 3.23; JUAN 15.5; SALMO 105.4

EL CIELO ES tanto presente como futuro. Mientras vas por la vida tomado de mi mano ya estás en contacto con la esencia del cielo: tu cercanía a mí. Debido a que la tierra está radiante y viva gracias a mi Presencia, podrás encontrar a lo largo del camino numerosos indicios del cielo. El brillo del sol despierta tu corazón, recordándote gentilmente mi luz radiante. Las avecillas y las flores, los árboles y el cielo invitan a elevar alabanzas a mi santo nombre. Mantén tus ojos y tus oídos bien abiertos mientras caminas conmigo.

Al final del camino está la entrada al cielo. Solo yo sé cuándo llegarás a destino, pero estoy preparándote para cuando llegue ese día. La certeza absoluta de tu morada allí te dará la paz y el gozo que te ayudarán a lo largo de tu peregrinaje. Quiero que sepas que llegarás allá en mi tiempo perfecto, ni antes ni después. Deja que la esperanza del cielo te dé ánimos mientras vas por la vida en mi compañía.

1 CORINTIOS 15.20-23; HEBREOS 6.19

CONFÍA EN MÍ y no tengas miedo. Muchas cosas parecieran estar fuera de control. Tus rutinas no van cumpliéndose como debieran. Tiendes a sentirte más seguro cuando tu vida es predecible. *Déjame llevarte a una roca donde estés a salvo tú y tus circunstancias. Yo soy el refugio* donde estarás completamente seguro.

Cuando las circunstancias te quieran sacar de tu confortable rutina, tómate fuertemente de mi mano y busca oportunidades para crecer. En lugar de lamentarte por la pérdida de tu comodidad acepta el desafío de algo nuevo. *Yo te voy transformando de gloria en gloria,* haciéndote apto para mi reino. Di sí a las formas en que yo trabajo en tu vida. Confía en mí y no tengas miedo.

ISAÍAS 12.2; SALMO 61.2-4;
2 CORINTIOS 3.18

TE ESTOY LLAMANDO a una vida de gratitud.
Quiero que en todo momento sientas punzadas de
acción de gracias. La base para tu agradecimiento es
mi soberanía. Yo soy el Creador y Controlador del
universo. Los cielos y la tierra están llenos con mi
Presencia gloriosa.

Cuando criticas o te lamentas estás actuando
como si creyeras que *tú* podrías manejar el mundo
mejor de lo que lo hago yo. Desde tu perspectiva
humana tan limitada quizás pueda parecer que estoy
descuidando mi trabajo. Pero tú no sabes lo que yo sé
ni ves lo que yo veo. Si descorriera la cortina para permitirte ver el reino celestial entenderías mucho más.
Sin embargo, te he diseñado para *vivir por la fe, no por
la vista.* Yo te protegeré amorosamente para que no
conozcas el futuro ni veas el mundo espiritual.
Reconoce mi soberanía expresando *gratitud en cualquier situación.*

ISAÍAS 6.3; 2 CORINTIOS 5.7;
1 TESALONICENSES 5.18

TE ESTOY PREPARANDO EN ECUANI-
MIDAD. Demasiadas cosas pueden interrumpir tu
percepción de mí. Sé que vives en un mundo de vista
y sonido pero no tienes por qué dejar que estas cosas
te esclavicen. La percepción de mi presencia debe continuar en cualquiera circunstancia sin importar lo que
pase. Esta es la estabilidad que deseo para ti.

No permitas que las cosas inesperadas te saquen
de curso. En lugar de eso, responde calmada y confiadamente recordando que yo estoy contigo. Tan pronto
como algo atrape tu atención, comunícamelo. De esta
manera me darás ocasión para compartir tus gozos y
tus problemas. Espero que hagas frente a lo que sea
que se te ponga por delante. Así es que vivo en ti y
actúo a través de ti. Este es el camino de la paz.

SALMO 112.7; ISAÍAS 41.10

MI CONTINUO REGALO PARA TI ES LA
PAZ que fluye abundantemente de mi trono de gracia. Así como los israelitas no pudieron almacenar el
maná para el futuro sino que tenían que aprovisio-
narse de él diariamente, es con mi paz. Recoger día a
día el maná permitió que mi pueblo estuviera siempre
consciente de su dependencia de mí. De igual manera,
te doy suficiente paz para el día presente, cuando vienes a mí *confiadamente para encontrar misericordia y
gracia.* Si yo te diera una paz permanente, independiente de mi Presencia podrías caer en la trampa de la
autosuficiencia. ¡Eso jamás debería ocurrir!

Yo te he diseñado para que me necesites en todo
momento. Al estar consciente de tu creciente necesidad te permitirá darte cuenta de mi abundante suficiencia. *Yo puedo suplir cada una de tus necesidades* sin
que disminuyan mis recursos. *Acércate a mi trono de
gracia con firme confianza* recibiendo mi paz con un
corazón agradecido.

ÉXODO 16.14-20; FILIPENSES 4.6-7, 19;
HEBREOS 4.16

YO TE AMO sin importar cuán bien te estás portando. A veces podrás sentirse inquieto, preguntándote si estás haciendo lo suficiente como para ser digno de mi amor. No importa cuán ejemplar sea tu comportamiento, la respuesta a esa pregunta siempre será no. Tu comportamiento y mi amor son asuntos totalmente diferentes lo cual es algo que tienes que tener en cuenta. *Yo te he amado con amor sin fin* que fluye desde la eternidad sin límites o condiciones. *Te he cubierto con vestiduras de salvación y te he puesto un manto de justicia* y esta es una transacción eterna: Nada ni nadie puede revertirla. Por lo tanto, lo que hagas como cristiano no tiene nada que ver con mi amor por ti. Incluso tu capacidad para evaluar la forma en que actúas en un día dado es deficiente. Tu perspectiva humana limitada y la condición de tu cuerpo con sus variaciones mercuriales distorsionan tus evaluaciones.

Tráeme la ansiedad por tu comportamiento y recibe en su lugar *mi amor sin fin*. Trata de estar consciente de mi amorosa Presencia en ti en todo lo que hagas y yo dirigiré tus pasos.

JEREMÍAS 31.3; ISAÍAS 61.10; SALMO 31.16;
SALMO 107.8

NO TENGAS MIEDO porque yo estoy contigo. Escúchame diciendo: *¡Silencio! ¡Calma* ese inquieto corazón! No importa lo que ocurra, *no te dejaré ni te abandonaré.* Que esta seguridad cale en tu mente y en tu corazón hasta que sientas que rebosas de gozo. *Aunque el mundo se desintegre y los montes se derrumben y caigan al mar* no tienes por qué sentir miedo.

Inexorablemente, los medios de comunicación proclaman malas noticias: al desayuno, al almuerzo y a la cena. Una dieta balanceada de su contenido te enfermaría. En lugar de enfocarte en las noticias caprichosas y siempre cambiantes que te ofrecen por los medios, sintoniza la Palabra viviente, porque *yo siempre estoy contigo.* Deja que la Escritura sature tu mente y tu corazón y verás cómo vas por el camino de la vida firmemente. Aunque no sepas lo que va a ocurrir mañana puedes estar completamente seguro de tu destino final. *Yo sostendré tu mano derecha y después te recibiré en la gloria.*

MARCOS 4.39; DEUTERONOMIO 31.6;
SALMO 46.2; SALMO 73.23-24

PERMÍTEME CONTROLAR TU MENTE.
La mente es la parte más inquieta e ingobernable de la
humanidad. Mucho antes que hubieras aprendido la
disciplina de controlar tu lengua, tus pensamientos se
enfrentaban a tu voluntad y se levantaban contra mí.
El hombre es el pináculo de mi creación y la mente
humana es maravillosamente compleja. Yo lo arries-
gué todo para que tuvieras la libertad de pensar por ti
mismo. Este es un privilegio divino, separándote para
siempre de los animales y de los robots. *Yo te hice a mi
imagen*, peligrosamente cercano a la deidad.

Aunque mi sangre te ha redimido completamente, tu mente es el último bastión de rebelión.
Ábrete a mi radiante Presencia, dejando que mi luz
permee tu manera de pensar. *Porque los que ocupan su
mente en las cosas del Espíritu tienen vida y paz.*

GÉNESIS 1.26-27; ROMANOS 8.6

ESCÚCHAME CONSTANTEMENTE. Tengo muchas cosas que comunicarte, con tanta gente y situaciones en necesidad de oración. Te estoy preparando para que pienses más y más en mí y mediante mi Espíritu evites las distracciones.

Camina conmigo en una seguridad santa, respondiendo a mis iniciativas en lugar de tratar de hacer las cosas de acuerdo con tus planes. Yo morí para que fueras libre y eso incluye la libertad del planeamiento compulsivo. Cuando tu mente gira en torno a una multitud de pensamientos te es difícil oír mi voz. Una mente preocupada con planes y proyectos se transforma en una adoradora del ídolo del control. Renuncia a esa idolatría y vuélvete a mí. Escúchame y vivirás abundantemente.

JUAN 8.36; PROVERBIOS 19.21; JUAN 10.27

MANTÉN TUS OJOS EN MÍ, no solo buscando dirección sino también fortalecimiento. Yo nunca te llevaré a hacer algo sin que primero te capacite para esa tarea. Por esto es que es tan importante que busques mi voluntad en cada cosa que hagas. Hay muchos cristianos agotados que creen que más es siempre mejor y que estiman como poco espiritual decir que no.

Para conocer mi voluntad deberás pasar tiempo conmigo disfrutando de mi Presencia. Esta no es una tarea desagradable sino un privilegio especialmente grato. *Te dejaré saborear los goces de la vida y los exquisitos placeres de mi Presencia eterna.*

SALMO 141.8; SALMO 16.11

DESCANSA EN EL SOSIEGO de mi Presencia mientras yo te preparo para este día. Deja que el brillo de mi gloria repose sobre ti mientras esperas confiadamente en mí. *¡Silencio! ¡Yo soy Dios!* Hay dos lados en cuanto a confiar en mí: uno pasivo y uno activo. Al reposar en mi Presencia, concentrado en mí, yo tranquilamente levantaré vínculos de confianza entre nosotros. Cuando respondes a las circunstancias de tu vida con expresiones de seguridad estás participando activamente en este proceso.

Yo siempre estoy contigo de modo que no hay razón para que estés temeroso. A menudo tus temores se hacen manifiestos cuando hay demasiado planeamiento. Tu mente está tan acostumbrada a este patrón de pensamiento que solo ahora te vienes a dar cuenta de cuán penetrante es y hasta qué grado perturba tu intimidad conmigo. Arrepiéntete de esta tendencia y recházala cada vez que te des cuenta que estás volviendo a lo mismo. Regresa a mi Presencia pues siempre estoy esperando por ti. *Y no te espera ninguna condenación.*

SALMO 46.10; ROMANOS 8.1

HAZME TU PUNTO FOCAL mientras vas
viviendo este día. Así como una bailarina debe mantener sus ojos puestos en un punto para mantener el
equilibrio mientras hace giros vertiginosos, tú debes
mantener tus ojos puestos en mí. Las circunstancias
caen sobre ti y el mundo parece arremolinarse a tu
alrededor. La única forma de conservar tu equilibrio
es *manteniendo fija la mirada en mí*, el que nunca
cambia. Si miras demasiado a tus circunstancias te vas
a marear y confundir. Mírame a mí, refréscate en mi
Presencia, y tu caminar se tornará firme y seguro.

HEBREOS 12.2; SALMO 102.27

BIENVENIDOS LOS PROBLEMAS que te elevan la perspectiva. Mis hijos tienden a caminar dormidos hasta que chocan con un obstáculo que los bloquea. Si tú encuentras un problema que parece no tener una solución inmediata, tu reacción te puede llevar hacia arriba o hacia abajo. Puedes enfrentar la dificultad, dejar que te afecte al punto que sientas lástima de ti mismo lo cual te llevará hacia abajo, hacia un pozo de autocompasión. Pero también el problema puede ser como una escalera que te permita ascender y ver tu vida desde mi perspectiva. Vistos desde la altura, los obstáculos que te frustran son solo *pequeños y pasajeros sufrimientos*. Una vez que tu perspectiva se haya elevado podrás desentenderte del problema. Vuélvete, entonces, a mí y *caminarás en la luz de mi Presencia.*

2 CORINTIOS 4.16-18; SALMO 89.15

VEN A MÍ con manos vacías y un corazón sensible listo para recibir bendiciones en abundancia. Yo conozco la profundidad y la anchura de tu necesidad. Tu paso por la vida ha sido difícil, drenando tus fuerzas. Ven a mí para nutrirte. Déjame llenarte con mi Presencia: Yo en ti y tú en mí.

Mi poder fluye más libremente hacia los débiles que están conscientes de su necesidad de mí. Los pasos titubeantes de dependencia no son pasos sin fe; al contrario, están engranados a mi Presencia.

JUAN 17.20-23; ISAÍAS 40.29-31

AL MIRAR EL DÍA que tienes por delante ves muchos lugares donde tendrás que hacer decisiones. Las innumerables posibilidades que estas alternativas te presentan tienden a confundirte. Vuelve tu pensamiento al umbral de este día donde yo estoy de pie junto a ti preparándote amorosamente para lo que encontrarás adelante.

Ya que cada decisión está relacionada con la anterior, tendrás que hacer una a la vez. En lugar de tratar de crear un mapa mental de tu caminar este día, concéntrate en mi Presencia amorosa contigo. Yo te iré preparando a medida que avanzas para que puedas manejar cualesquiera situaciones. Confía en que yo te supliré lo que necesites cuando lo necesites.

LAMENTACIONES 3.22-26; SALMO 34.8

DÉJAME ENSEÑARTE A SER AGRADECIDO.
Comienza por reconocer que todo, tanto tus posesiones como quien eres, me pertenecen. El amanecer de un nuevo día es un regalo mío y no debe ser tomado como algo que ya te pertenece. La tierra está vibrantemente viva con mis bendiciones dando un testimonio vívido de mi Presencia. Si bajas la velocidad de tu caminar por la vida, me encontrarás en todas partes.

Algunos de mis hijos más queridos han estado reducidos a un lecho de enfermo o encerrados en una prisión. Otros voluntariamente han aprendido la disciplina de pasar tiempo a solas conmigo. El secreto de ser agradecido se aprende viendo cada cosa desde mi perspectiva. Mi mundo es tu sala de clases. *Mi palabra es lámpara a tus pies y una luz en tu sendero.*

HEBREOS 12.28-29; SALMO 119.105

CUANDO CAREZCAS DE ALGUNAS COSAS
BÁSICAS como tiempo, energía, dinero, considérate
bendecido. Tu carencia es una oportunidad para aferrarte a mí en una actitud de dependencia digna.
Cuando comienzas el día con recursos inadecuados
debes concentrar tus esfuerzos en el momento presente. Aquí es donde se supone que tienes que vivir, en
el presente; es el lugar donde siempre te espero. Estar
consciente de tus deficiencias es una rica bendición
que te adecúa para reposar sin reservas en mí.

La verdad es que la autosuficiencia es un mito
perpetuado por el orgullo y el éxito temporal. La salud
y la riqueza pueden terminarse de un momento a otro
así como la misma vida. Alégrate en tu insuficiencia
sabiendo que *mi poder se manifiesta más cuando la
gente es débil.*

SANTIAGO 1.2; 2 CORINTIOS 12.9

Mayo

Alábenlo por su majestuosa gloria;
la gloria de su nombre. Preséntense
ante él en su majestuoso santuario.

SALMO 29.2

TÚ ESTÁS EN EL CAMINO de mi elección. En tu vida no hay casualidades. El aquí y el ahora se coordinan en tu vida diaria. Muchos dejan que las oportunidades se les escurran como agua por entre los dedos. Viven a medias. Evitan el presente mientras se preocupan por el futuro o suspiran por mejores tiempos y lugares. Olvidan que son criaturas que están sujetas a las limitaciones de tiempo y espacio. Se olvidan de su Creador, quien va con ellos únicamente en el presente.

Cada momento cuenta en mi gloriosa Presencia para aquellos cuyos corazones están íntimamente conectados con el mío. Cuando te des más y más a una vida de comunión constante conmigo, descubrirás que no te queda tiempo para lamentarte. De esta manera, estarás libre de dejar que mi Espíritu dirija tus pasos, capacitándote para andar en las sendas de paz.

LUCAS 12.25-26; LUCAS 1.79

VIVIR EN DEPENDENCIA DE MÍ es la forma de vivir una vida abundante. Aprende a valorar los tiempos difíciles porque ellos te harán estar más consciente de mi Presencia. Las tareas a las que por lo general les temes se transforman en oportunidades preciosas para disfrutar de mi cercanía. Cuando te sientas cansado, recuerda que yo soy tu fuerza; disfruta aprendiendo de mí. Y yo me gozo ante tu tendencia de volverte a mí más y con mayor frecuencia, especialmente cuando te sientes solo.

Cuando estás en la compañía de otras personas, a menudo pierdes de vista mi Presencia. Tus temores ante personas que no te agradan te ponen bajo sujeción de ellos, tanto que llegan a ser tu preocupación primaria. Cuando te des cuenta que ha ocurrido esto, pronuncia mi nombre. Este pequeño acto de confianza me pone en la primera línea de tu conciencia, que es el lugar donde siempre debería estar. Al disfrutar de la bendición de tenerme cerca de ti, mi vida puede fluir a través de ti para bendecir a otros. ¡Esto es vivir la vida abundante!

PROVERBIOS 29.25; JUAN 10.10

NO PUEDES SERVIR A DOS SEÑORES. Si de verdad yo soy tu Señor, vas a desear complacerme por sobre cualquier otro. Si tu meta es agradar a la gente, te harás esclavo de ellos. Pueden ser amos duros si dejas que ejerzan poder sobre ti.

Si yo soy el Señor de tu vida, también tendría que ser tu *primer amor*. Tu vocación de servicio a mí tiene su origen en mi inmenso e incondicional amor por ti. Mientras más te inclines ante mí, más alto te llevaré en tu íntima relación conmigo. *Los gozos de la vida y los exquisitos placeres de mi presencia eterna* superan todos los demás placeres. Quiero que reflejes mi luz gozosa viviendo en creciente intimidad conmigo.

MATEO 6.24; APOCALIPSIS 2.4;
EFESIOS 3.16-17; SALMO 16.11

REÚNETE CONMIGO EN LA QUIETUD DE LA MAÑANA, mientras la tierra aún está fresca con el rocío de mi Presencia. *Alábame por mi majestuosa gloria.* Canta canciones de amor a mi nombre santo. En la medida que te des a mí, mi Espíritu se inflamará dentro de ti hasta que sientas que mi divina Presencia te inunda.

La forma del mundo para alcanzar riquezas es adquiriendo y guardando. Tú disfrutas de mis riquezas dando. Mientras más te das a mí y mis maneras, más te llenas de *una gran alegría.*

SALMO 29.2; 1 PEDRO 1.8

VEN A MÍ para todas tus necesidades. Entra en mi Presencia con acción de gracias porque la gratitud abre la puerta a mis tesoros. Al ser agradecido estás confirmando la verdad central de que yo soy bueno. Yo soy luz *en quien no hay tinieblas*. La seguridad de que yo soy completamente bueno satisface tu necesidad básica de seguridad. Tu vida no está sujeta a los caprichos de una deidad afectada por el pecado.

Reposa en la seguridad que aquel que controla tu vida es totalmente confiable. Ven a mí con toda confianza. No hay nada que necesites que yo no te pueda dar.

SALMO 95.2; 1 JUAN 1.5

NO BUSQUES SEGURIDAD en el mundo. Tu tendencia es hacer una lista mental de las cosas que necesitas para tener el control de tu vida. Pero si pudieras eliminar completamente esa lista podrías descansar y tener paz. Porque mientras más te esfuerzas por alcanzar aquella meta más cosas aparecen en tu lista. Mientras más te esfuerces, más frustrado estarás.

Hay una forma mejor de hallar seguridad en esta vida. En lugar de revisar tu lista pon tu atención en mi Presencia. Una comunicación permanente conmigo te mantendrá inmerso en mi paz. Además, te ayudaré a determinar lo que es importante y lo que no lo es, lo que debe hacerse ya y lo que aún no. *Fija la mirada no en lo que se ve* (tus circunstancias), *sino en lo que no se ve* (mi Presencia).

ISAÍAS 26.3; 2 CORINTIOS 4.18

SI APRENDES A CONFIAR EN MÍ, pero realmente confiar con todo tu ser, entonces nada podrá separarte de mi paz. Lo que sea que padezcas puede ser transformado en algo bueno permitiéndote que aprendas a confiar en mí. Así es como puedes hacer fracasar las obras del malo, creciendo en gracia a través de las adversidades que se suponía tenían que hacerte daño. José es uno de los primeros ejemplos de esta transformación cuando dijo a sus hermanos: *Dios convirtió en bien el mal que ustedes quisieron hacerme.*

No tengas miedo lo que este día o cualquier otro día te pueda traer. Concéntrate en confiar en mí y en hacer lo que haya que hacer. Descansa en mi soberanía recordando que yo voy delante de ti así como junto a ti cada día. *No tengas miedo* porque yo puedo sacar algo bueno de cada situación con la que te encuentres.

GÉNESIS 50.20; SALMO 23.4

NO ESPERES que no haya problemas en tu vida. Sería una aspiración poco realista ya que *en este mundo vas a sufrir.* En el cielo tendrás una eternidad libre de problemas reservada para ti. Regocíjate en esa herencia que nadie te puede quitar pero no pretendas encontrar el cielo aquí en la tierra.

Comienza cada día esperando problemas y pidiéndome que te prepare para lo que sea con lo que te encuentres. La mejor preparación es mi Presencia. *Yo te sostengo tomándote de la mano derecha.* Plantéame lo que quieras. Mira los problemas con optimismo viéndolos mejor como un reto que juntos tú y yo podremos manejar. Recuerda que yo estoy a tu lado *y he vencido al mundo.*

JUAN 16.33; ISAÍAS 41.13; FILIPENSES 4.13

NO SEAS TAN INFLEXIBLE CONTIGO. Yo puedo sacar algo bueno hasta de tus errores. Tu mente finita tiende a mirar atrás tratando de deshacer decisiones que hiciste y que te traen un mal recuerdo. Hacer esto es una pérdida de tiempo y de energías y a lo único que te conduce es a la frustración. En lugar de deambular por el pasado, entrégame tus errores a mí. Mírame con confianza en la seguridad que en mi infinita creatividad puedo entretejer las buenas con las malas decisiones para producir una tela amorosa.

Porque tú eres humano, vas a seguir cometiendo errores. Pensar que puedes vivir una vida sin errores es sintomático de orgullo. Tus fracasos pueden ser una fuente de bendición, llevándote a ser más humilde y a relacionarte mejor con las demás personas en sus propias debilidades. Lo mejor de todo, sin embargo, es que tus errores destacan tu dependencia de mí. Yo puedo hacer que del empantanamiento de tus errores surja algo bello. Confía en mí y observa lo que puedo hacer.

ROMANOS 8.28; MIQUEAS 7.7

NO RESISTAS NI HUYAS de las dificultades en tu vida porque no son algo fortuito sino que son bendiciones hechas especialmente para tu beneficio y crecimiento. Acoge cualquiera circunstancia que yo permita en tu vida confiando que de eso sacaré algo bueno. Ve los problemas como oportunidades para confiar más plenamente en mí.

Cuando empieces a sentirte tenso, deja que esas sensaciones te sirvan de alerta en cuanto a tu necesidad de mí. De esta manera, tus necesidades llegarán a ser la puerta de entrada a una mayor dependencia de mí y a una más profunda intimidad entre nosotros. Aunque en el mundo se proclama la autosuficiencia, en mi reino la dependencia de mí produce una vida abundante. Agradéceme por las dificultades en tu vida pues te proveen protección contra la idolatría y la autosuficiencia.

JUAN 15.5; 2 CORINTIOS 1.8-9; EFESIOS 5.20

DAME GRACIAS POR TUS PROBLEMAS.
Tan pronto como tu mente tropiece con dificultades,
tráemelas a mí con acción de gracias. Luego, pídeme
que te muestre cómo manejar la situación. El simple
acto de agradecerme libera tu mente de enfoques
negativos. Al volver tu atención a mí el problema cede
en importancia y pierde poder. Juntos tú y yo podemos hacer frente a la situación, sea enfrentándola o
aislándola para tratarla más adelante.

La mayoría de los problemas que complican tu
mente no son preocupaciones del día presente sino
que los has pedido prestados al día de mañana. En este
caso, yo lo quito del hoy y lo pongo en el futuro donde
tus ojos no lo puedan ver. En su lugar te doy mi paz,
que fluye libremente de mi Presencia.

FILIPENSES 4.6; JUAN 14.27

APRENDE A RELACIONARTE con otros a través de mi amor y no del tuyo. Tu amor humano es tan limitado, lleno de fallas y manipulaciones. Mi amorosa Presencia que siempre te envuelve está disponible para bendecir a otros tanto como a ti. En lugar de esforzarte por ayudar a otros a través de tus propios pobres recursos, aprende a ser consciente de mis posibilidades ilimitadas a las cuales puedes acceder cada vez que quieras. Deja que mi amor te envuelva a ti y a los demás.

Muchos de mis hijos preciosos han caído en el desgaste físico. Una mejor descripción de su condición podría ser «agotado». Innumerables interacciones con personas necesitadas los han llevado a esa situación sin que hayan sido conscientes de ellos. Quizás tú estás entre este grupo de personas que son como soldados heridos que requieren de un tiempo de recuperación. Tómate un tiempo para descansar en el amor-luz de mi Presencia y yo te devolveré gradualmente las energías que has perdido a lo largo de los años. *Vengan a mí los que están cansados y afligidos. Así hallarán descanso para el alma.*

ÉXODO 33.14; MATEO 11.28-29

AGRADÉCEME EN MEDIO del crisol. Cuando
las cosas se ven mal, busca oportunidades para desa-
rrollarte, especialmente en áreas donde necesitas ir
hacia delante, dejando tus cuidados en mis manos
expertas. ¿Estás dispuesto a confiar en mí para que
organice tu vida según mis prioridades o quieres
seguir tratando de hacer las cosas según tu voluntad?
Si insistes en tratar de actuar por tu cuenta mientras
yo procuro llevarte en otra dirección, estarás haciendo
de tus deseos una deidad.

Observa lo que estoy haciendo en tu vida.
Adórame por vivir cerca de mí, *agradeciéndome en
cualquier situación.*

1 PEDRO 5.6-7; 1 TESALONICENSES 5.18

YO SOY UN DIOS TODOPODEROSO. *Nada es demasiado difícil para mí.* He decidido escoger a personas débiles como tú para llevar a la realidad mis planes. Tus debilidades tienen la virtud de sensibilizarte a mi poder. Por lo tanto, que no te atemoricen tus limitaciones o las demandas que el día haga más allá de tus fuerzas. Lo que pido de ti es que permanezcas conectado a mí, viviendo en confiada dependencia de mis recursos ilimitados. Cuando te enfrentes a demandas inesperadas no necesitas alarmarte. Recuerda que *yo estoy contigo.* Háblame y escúchame mientras yo te hablo a través de cada situación difícil.

Yo no soy un Dios descuidado. Cuando permito que algunas dificultades se presenten en tu vida te preparo adecuadamente para desenvolverte en ellas. Tranquilízate en mi presencia y no dejes de confiar en mi fuerza.

LUCAS 1.37; 2 CORINTIOS 12.9

PASAR TIEMPO a solas conmigo es esencial para tu bienestar. No es un lujo ni una opción; es una necesidad. Por lo tanto, no te sientas culpable por dedicar tiempo a estar conmigo. Recuerda que Satanás es *el acusador de los creyentes*. Él se goza en acumular sentimientos de culpa sobre ti, especialmente cuando estás disfrutando de mi Presencia. Cuando sientas las flechas de acusación de Satanás lo más probable es que estés en el camino correcto. Usa tu *escudo de fe* para protegerte de él. Cuéntame lo que estás experimentando y pídeme que te muestre el camino que tienes por delante. *Pónganle resistencia al diablo y él huirá de ustedes. Acércate a mí y yo me acercaré a ti.*

APOCALIPSIS 12.10; EFESIOS 6.16;
SANTIAGO 4.7-8

YO SOY TU SEÑOR. Búscame como tu amigo y amante de tu alma, pero recuerda que también soy Rey de reyes, soberano sobre todos. Puedes hacer algunos planes al comenzar el día que tienes por delante pero deberías ponerlos en espera ante la posibilidad que yo tenga otras ideas. Lo más importante a determinar es qué hacer ahora mismo. En lugar de auscultar el horizonte de tu vida, tratando de identificar las cosas que quedan por hacer, concéntrate en la tarea que tienes ante ti y en quien nunca se aparta de tu lado. Que cualquiera otra cosa quede relegada a planos secundarios. Esto despejará tu mente permitiéndome ocupar más y más de tu conciencia.

Confía en mí para que te muestre lo que debes hacer una vez que concluyas lo que estás haciendo ahora. Yo te guiaré paso a paso en la medida que sometas tu voluntad a la mía. De esta manera permanecerás cerca de mí *en el camino de la paz.*

PROVERBIOS 19.21; LUCAS 1.79

MIENTRAS PERMANECES EN SILENCIO ante mi Presencia recuerda que yo soy un Dios de abundancia. Nunca me quedaré sin recursos. Mi capacidad para bendecirte es ilimitada. Tú vives en un mundo de provisiones y demandas donde a menudo las cosas necesarias son escasas. Incluso si personalmente tienes suficiente, verás pobreza en el mundo que te circunda. Es imposible que puedas comprender la exhuberancia de mis provisiones: la abundancia de mis *riquezas en gloria*.

Al pasar tiempo en mi Presencia podrás vislumbrar lo desbordante de mi inmensidad. Estos vistazos son pequeños anticipos de lo que habrás de disfrutar plenamente en el cielo. Aun ahora, si tienes fe, podrás acceder a muchas cosas reservadas para ti en el futuro. Alégrate en mi abundancia. *Vive por fe, no por vista.*

FILIPENSES 4.19; 2 CORINTIOS 5.7

VEN A MÍ con tus planes en expectativa. Adórame en espíritu y en verdad, dejando que mi gloria permee todo tu ser. Confía en mí lo suficiente como para dejarme que te guíe a lo largo de este día, alcanzando mis metas según mis planes. Subordina todos tus proyectos a mi plan maestro. ¡Soy soberano sobre cada aspecto de tu vida!

El desafío continuo que tienes ante ti es confiar en mí y buscar mi voluntad durante todo el día. No sigas ciegamente tu ruta habitual porque si lo haces vas a privarte de lo que he preparado para ti. *Porque así como el cielo es más alto que la tierra, mi conducta y mis pensamientos son más elevados que los de ustedes.*

JUAN 4.24; ISAÍAS 55.8-9

QUIERO QUE SEPAS lo seguro que puedes estar en mi Presencia. Esto es una realidad completamente independiente de tus sentimientos. Tú estás en el camino al cielo; nada puede impedirte llegar a destino. Allí me podrás ver cara a cara, y tu gozo excederá cualquier parámetro terrenal. Incluso ahora, nunca estás separado de mí, aunque tengas que verme con los ojos de la fe. Caminaré contigo hasta el final de los tiempos hasta entrar a la eternidad.

Aunque mi Presencia es una promesa garantizada esto no necesariamente va a cambiar tus sentimientos. Cuando te olvidas que yo estoy contigo, puedes ser víctima de un estado de soledad o de miedo. Es al estar consciente de mi Presencia que mi paz desplaza los sentimientos negativos. Practica la disciplina de caminar conscientemente conmigo a lo largo del día.

1 CORINTIOS 13.12; SALMO 29.11

CUANDO TUS PECADOS TE PESEN DEMASIADO, ven a mí. Confiésame tus faltas, las que conozco antes que pronuncies la primera palabra. Permanece en la luz de mi Presencia recibiendo perdón, limpieza y sanidad. Recuerda que te he *cubierto con mi manto de justicia* por lo que nada te podrá separar de mí. Cada vez que tropieces o caigas allí estoy yo para ayudarte.

La tendencia del hombre es ocultarse de su pecado, buscando refugio en la oscuridad. Allí recurre a la autocompasión, a la negación, a la autojustificación, a culpar a otros y a odiar. Pero *yo soy la luz del mundo* y mi iluminación derrota a las tinieblas. Acércate a mí y deja que mi luz te envuelva sacándote de las tinieblas e inundándote de paz.

1 JUAN 1.7; ISAÍAS 61.10; JUAN 8.12

YO, EL CREADOR DEL UNIVERSO, estoy contigo y por ti. ¿Qué más podrías desear? Cuando sientes que te falta algo es porque no estás conectado conmigo a un nivel profundo. Yo te ofrezco vida abundante; tu parte es confiar en mí, rechazando tu preocupación por las cosas de la vida.

No hay muchas cosas adversas que te pongan más ansioso que tus pensamientos acerca de tales cosas. Tu mente se empeña en realizar esfuerzos para controlar la situación y conseguir los resultados que deseas. Tus pensamientos se acercan al problema cual lobos voraces. Decidido a despejarte el camino te olvidas que soy yo quien estoy a cargo de tu vida. El único remedio es cambiar tu enfoque del problema a mi Presencia. Detén todo esfuerzo y observa lo que haré. *Yo soy el Señor.*

ROMANOS 8.31-32; MIQUEAS 7.7

CUANDO LAS COSAS NO SALEN como tú quisieras, acepta la situación de inmediato. Si dejas que esos pensamientos te mortifiquen corres el riesgo de que provoquen resentimiento en ti. Recuerda que yo soy soberano sobre toda circunstancia y *humíllate bajo mi mano poderosa*. Alégrate en lo que estoy haciendo en tu vida aun cuando esté más allá de lo que puedes entender.

Yo soy el Camino, la Verdad y la Vida. En mí, tú tienes todo lo que necesitas tanto para esta vida como para la que viene. No permitas que el impacto del mundo destruya tu pensamiento o te haga dejar de mirarme a mí. El mayor desafío es mantener tus ojos puestos en mí sin importar lo que ocurra a tu alrededor. Cuando yo soy el centro de tus pensamientos entonces estás en capacidad de ver las circunstancias desde mi perspectiva.

1 PEDRO 5.6; JUAN 14.6

INICIA CADA NUEVO DÍA con el deseo de encontrarte conmigo. Antes que saltes de la cama yo ya he estado trabajando para preparar la vía por la cual avanzarás durante el día. A lo largo del camino hay tesoros escondidos y estratégicamente colocados. Algunos de estos tesoros son pruebas puestas allí para que te liberen de tus grilletes terrenales. Otros son bendiciones que te revelarán mi Presencia: amaneceres, flores, el canto de los pajarillos, amistades, respuestas a oraciones. Yo no he abandonado a este mundo en decadencia sino que aún mantengo mi Presencia en él.

Mientras va transcurriendo el día, busca los tesoros más profundos. Siempre me encontrarás a mí.

COLOSENSES 2.2-3; ISAÍAS 33.6

Tráeme tu mente para que descanse y se renueve. Deja que mi Presencia inunde tus pensamientos. En la medida que tu mente deje de correr aceleradamente, tu cuerpo se relajará y podrás estar más consciente de mi Presencia. Este proceso es vital para tu bienestar espiritual; espiritualmente hablando, es tu tabla de salvación.

En el mundo en que vives hay actualmente más que cuatro dimensiones. Además de las tres de espacio y una de tiempo, está la dimensión de apertura a mi Presencia. Esta dimensión trasciende las otras, permitiéndote vislumbrar el cielo mientras aún estás en la tierra. Esto es parte de mi diseño original para la humanidad. Antes de su expulsión, Adán y Eva acostumbraban pasearse conmigo en el huerto. Yo quiero que pasees conmigo en el huerto de tu corazón, donde he hecho mi residencia permanente.

Génesis 3.8; Salmo 89.15

ESTE MUNDO ES DEMASIADO PARA TI, mi hijo. Tu mente brinca de problema en problema enmarañando tus pensamientos en ansiosos nudos. Cuando piensas en tales condiciones, me estás dejando fuera de tu visión del mundo y tu mente se entenebrece. Aunque ansío ayudarte no voy a violar tu libertad sino que permaneceré en silencio en el fondo de tu mente, esperando que recuerdes que estoy contigo.

Cuando te vuelvas de tus problemas a mi Presencia, de inmediato tu carga perderá su peso. Es posible que las circunstancias no cambien pero yo te ayudaré a llevar la carga. Tu urgencia para arreglar todo deja lugar a una conexión profunda y satisfactoria conmigo. Juntos, tú y yo podemos manejar lo que sea que traiga el día de hoy.

ISAÍAS 41.10; SOFONÍAS 3.17; SALMO 34.19

EN UN MUNDO de cambios incesantes, yo soy el único que no cambia. *Yo soy la A y la Z, el principio y el fin, el primero y el último*. En mí encontrarás la estabilidad que has anhelado.

Yo creé un mundo hermoso y ordenado; un mundo que reflejara mi perfección. Ahora, sin embargo, el mundo está bajo la esclavitud del pecado y del mal. Cada persona de este planeta enfrenta fauces de incertidumbre. El único antídoto para esta amenaza perniciosa es acercarse a mí. En mi Presencia tú puedes hacer frente a la incertidumbre con paz perfecta.

APOCALIPSIS 22.13; JUAN 16.33

BUSCA MI ROSTRO al comienzo de este día. Esto te capacitará para que te «cubras conmigo» y «te vistas de mí». Muchas personas se ponen su ropa inmediatamente que salen de la cama. De igual manera, mientras más pronto te «cubras de mí» al comunicarte conmigo mejor preparado estarás para enfrentar lo que venga más adelante en el día.

«Vestirte de mí» es, esencialmente, tener mi mente: pensar con mis pensamientos. Pídele al Espíritu Santo que controle lo que piensas: experimenta la transformación por esta renovación dentro de ti. Así, estarás bien preparado para enfrentar personas y situaciones que yo ponga en tu camino. Vestirte tu mente en mí es tu mejor preparación para cada día. Esta disciplina te traerá gozo y paz no solo a ti sino a los que te rodean.

SALMO 27.8; ROMANOS 13.14;
COLOSENSES 3.12

DÉJAME UNGIRTE con mi Presencia. Yo soy *Rey de reyes y Señor de señores que habito en luz tan deslumbrante que ningún humano puede acercársele.* Cuando mi Presencia te envuelva te vas a sentir abrumado por mi poder y mi gloria. Esta es una forma de adorar: sentir tu pequeñez en comparación con mi grandeza.

El hombre ha tenido la tendencia a hacerse él mismo la medida de todas las cosas. Pero la medida del hombre es demasiado pequeña para poder comprender mi majestuosa vastedad. Por eso es que muchas personas no logran verme, *aun cuando viven y se mueven y existen en mí.*

Disfruta la radiante belleza de mi Presencia. ¡Háblale al mundo de lo maravilloso que soy!

1 TIMOTEO 6.15-16; SANTIAGO 4.8;
HECHOS 17.28; SALMO 145.3-6

YO ESTOY CONTIGO, atentos mis ojos sobre ti permanentemente. Yo soy Emanuel (*Dios contigo*): Mi Presencia te envuelve en un amor radiante. Nada, incluyendo las más radiantes bendiciones y las más densas pruebas pueden separarte de mí. Algunos de mis hijos me encuentran más fácilmente durante periodos de prueba, cuando las dificultades los obligan a depender de mí. Otros se sienten más cerca de mí cuando sus vidas están llenas de cosas buenas. Reaccionan con gratitud y alabanzas abriendo de par en par la puerta a mi Presencia.

Yo sé exactamente lo que tú necesitas para acercarte a mí. Vive cada día buscando lo que he preparado especialmente para ti. Acepta cada situación como una provisión para tus necesidades elaborada por mi mano. Cuando aprendas a ver tu vida de esta manera, la respuesta más lógica será ser agradecido. No rechaces ninguno de mis regalos; búscame y encuéntrame en cada situación.

MATEO 1.23; COLOSENSES 2.6-7

EL TIEMPO PASADO CONMIGO no puede ser precipitado. Cuando andas apurado tu mente se mueve inquieta entre mí y las cosas que tienes por delante para ejecutar. Relega las cosas que te presionan creando un espacio de seguridad alrededor de ti, un lugar de refugio en el cual puedas descansar conmigo. Yo también deseo este tiempo de atención concentrada y lo uso para bendecirte, fortalecerte y prepararte para el día que tienes por delante. Así, pasar tiempo conmigo es una sabia inversión.

Tráeme el sacrificio de tu precioso tiempo. Esto creará un espacio sagrado alrededor de ti, un espacio en el que dominarán mi Presencia y mi paz.

SALMO 119.27; 2 CRÓNICAS 16.9;
HEBREOS 13.15

LA PAZ QUE TE DOY trasciende tu intelecto. Cuando la mayor parte de tu energía mental se pone en esfuerzos para resolver cosas quedas incapacitado para recibir este don glorioso. Yo miro en tu mente y veo pensamientos girando por tu cabeza, yendo a ninguna parte, alcanzando nada. Al mismo tiempo, mi paz ronda sobre ti buscando un lugar donde posarse.

Quédate tranquilo en mi Presencia invitándome a controlar tus pensamientos. Deja que mi luz se proyecte en tu mente y en tu corazón hasta que mi ser resplandezca en ti. Esta es la forma más efectiva de recibir mi paz.

2 TESALONICENSES 3.16; JOB 22.21

Junio

Yo te sostengo tomándote de la mano
derecha —yo el SEÑOR Dios tuyo— y te digo:
¡No tengas temor, estoy aquí para ayudarte!

ISAÍAS 41.13

YO ESTOY INVOLUCRADO en cada momento de tu vida. He trazado cuidadosamente cada pulgada de tu caminar el día de hoy aun cuando habrá cosas que parezca que ocurren fortuitamente. Debido a que el mundo está en una condición caída las cosas siempre parecen desarrollarse al borde del precipicio. Espera encontrar problemas hoy. A la misma vez, confía que mi camino es perfecto aun en medio de tales imperfecciones.

Preocúpate de estar consciente de mí a medida que vayas viviendo el día de hoy. Recuerda que yo nunca me aparto de tu lado. Deja que el Espíritu Santo te guíe paso a paso, protegiéndote de conflictos innecesarios y capacitándote para salir al otro lado de cualquiera situación que tengas que soportar. Mientras avanzas a pasos lentos por el barro de este mundo caído, no dejes de pensar en los lugares celestiales conmigo. Así, la luz de mi Presencia te alumbrará, dándote paz y gozo que ninguna circunstancia te podrá quitar.

SALMO 18.30; ISAÍAS 41.13

DESCANSA EN MI PRESENCIA santa y sanadora. *Mantén la calma* mientras yo transformo tu corazón y tu mente. Deshazte de toda inquietud y preocupación para que puedas recibir mi paz. *Deja de luchar y recuerda que yo soy Dios.*

No seas como los fariseos que multiplicaban las reglas creando su propia forma de «santidad». Se dejaban envolver de tal manera en sus propias leyes que terminaron por no verme a mí. Aun hoy día, las reglas hechas por el hombre sobre cómo vivir la vida cristiana esclavizan a muchas personas. Se concentran en cómo cumplirlas y no en mí.

Es conociéndome íntimamente que podrás llegar a ser como yo soy. Esto requiere pasar tiempo a solas conmigo. *¡No olvides que yo soy Dios!*

SALMO 46.10; 1 JUAN 3.2

QUIERO SER EL CENTRO de tu ser. Cuando tu mirada está firmemente puesta en mí, mi paz desplaza temores y preocupaciones que querrán entrar en tu vida pero debes mantenerte alerta. Confía y en actitud de agradecimiento mantente alerta, rechazando el miedo antes que pueda encontrar un punto de apoyo. En mi amor no hay temor, ese amor que brilla en forma constante sobre ti. Reposa tranquilamente en mi luz amorosa mientras yo te bendigo con paz radiante. Vuelve a confiar en mí y muéstrame tu amor.

2 TESALONICENSES 3.16; 1 JUAN 4.18;
NÚMEROS 6.25-26

BIENVENIDOS TIEMPOS DE PRUEBAS como oportunidades para confiar en mí. Me tienes a tu lado y a mi Espíritu dentro de ti por lo que ninguna serie de circunstancias puede ser demasiado para que las manejes. Si el camino que se abre ante ti está plagado de escollos, ten cuidado en medir tus fuerzas para enfrentarlos. Hacerlo te va a privar de mucha ansiedad. Sin mí, no pasarías del primer obstáculo.

La forma de caminar a través de días difíciles es tomarte fuertemente de mi mano y mantenerte en estrecha comunicación conmigo. Deja que tus pensamientos y tus palabras estén sazonados con confianza y gratitud. No importan los problemas que te traiga el día, *yo te puedo mantener en perfecta paz* en la medida que permanezcas cerca de mí.

SANTIAGO 1.2; FILIPENSES 4.13; ISAÍAS 26.3

RECUERDA QUE VIVES en un mundo caído: un mundo anormal, manchado por el pecado. Mucho de la frustración y los fracasos son el resultado de buscar perfección en esta vida. Excepto yo, en este mundo no hay nada perfecto. Por eso es que la cercanía a mí satisface profundos anhelos y te llena de gozo.

Yo he puesto deseos de perfección en cada corazón humano. Este es un deseo bueno que solo yo puedo satisfacer. Sin embargo, mucha gente trata de encontrar esta respuesta en otras personas tanto como en placeres terrenales o en el éxito. De esta forma se crean ídolos ante los cuales terminan inclinándose. *¡No tendrás otros dioses además de mí!* Haz de mí el anhelo más profundo de tu corazón. Déjame satisfacer tus ansias de perfección.

ÉXODO 20.3; SALMO 37.4

BUSCA MI ROSTRO y encontrarás satisfacción en tus más íntimas aspiraciones. Mi mundo está lleno de cosas hermosas; todas ellas apuntan hacia mí, trayéndote a la memoria mi Presencia permanente. El mundo aun declara mi gloria a quienes tienen ojos para ver y oídos para oír.

Antes de que me buscaras de todo corazón, tenías una mente entenebrecida. Pero yo derramé mi luz sobre ti para que pudieras ser un faro para otros. En esta posición no hay espacio para el orgullo. Tu responsabilidad es reflejar mi gloria. ¡Yo soy el Señor!

SALMO 105.4; SALMO 19.1-2; ISAÍAS 60.2

YO ESTOY ALREDEDOR TUYO como un capullo de luz. Mi Presencia contigo es una promesa, independiente de que te des cuenta o no que estoy contigo. Muchas cosas pueden hacer que te olvides de mí pero el mayor culpable es la preocupación. Mis hijos tienden a aceptarla como una realidad inescapable de la vida. Sin embargo, la preocupación es una forma de incredulidad; es anatema a mí.

¿Quién está a cargo de tu vida? Si eres tú, entonces tienes una buena razón para preocuparte. Pero si soy yo, la preocupación es no solo innecesaria sino contraproducente. Cuando empieces a sentirte ansioso por algo, déjalo en mis manos. Renuncia a preocuparte y redirige tu atención a mí. Yo personalmente me haré cargo del problema o te mostraré cómo manejarlo. En este mundo tendrás aflicciones, pero no debes quitar tus ojos de mí.

LUCAS 12.22-31; JUAN 16.33

QUIERO QUE ME PERTENEZCAS TOTAL-
MENTE A MÍ, y que estés lleno con la luz de mi
Presencia. Yo te di todo lo que necesitas para vivir
como un hombre, morí por tus pecados y volví a la
vida. Lo hice todo por ti. Trae tus pensamientos más
íntimos a la luz de mi amor. Lo que sea que traigas yo
lo transformaré y purificaré de toda oscuridad. Yo sé
todo de ti, mucho más de lo que tú mismo podrías
saber. Pero cedo a mis anhelos para «repararte», esperando a cambio que vengas a mí para que te ayude.
Imagina la divina abnegación que esto requiere porque *yo he recibido toda autoridad en el cielo y en la tierra.*

Busca mi rostro con un espíritu de aprender. Ven
ante mi Presencia con acción de gracias, deseando ser
transformado.

MATEO 28.18; SALMO 100.4

INTENTA VIVIR EN MI AMOR, el cual *cubre muchos pecados*, tanto los tuyos como los de los demás. Vístete con mi amor como un manto de luz que te cubra de pies a cabeza. No tengas miedo, porque el *perfecto amor echa fuera el temor*. Observa a los demás a través de los lentes del amor; a través de mi perspectiva. Así es como podrás andar en la luz y esto me complace.

Quiero que mi cuerpo de creyentes sea radiante con la luz de mi Presencia. Cuánta congoja me producen aquellos bolsones de oscuridad que ensombrecen mi luz-amor. Retorna a mí, tu *¡primer amor!* Mírame en el esplendor de mi santidad y mi amor de nuevo te envolverá en mi luz.

1 PEDRO 4.8; 1 JUAN 4.18; APOCALIPSIS 2.4

DESCANSA EN MÍ, HIJO MÍO. Dale a tu mente un reposo de tanto planificar y tratar de anticipar lo que sucederá. *Ora en todo momento*, pidiendo a mi Espíritu que se haga cargo de los detalles de este día. Recuerda que vas caminando conmigo. Cuando tratas de incursionar en el futuro y hacer planes para cualquiera posibilidad te olvidas de la constante compañía que te sustenta momento a momento. Cuando miras con ansias a la distancia te estás olvidando que mi mano tiene fuertemente asida la tuya. ¡Cuán necio eres, hijo mío!

Acordarte de mí es una disciplina diaria. Nunca pierdas de vista mi Presencia contigo. Esto te mantendrá descansando en mí todos los días, cada día.

1 TESALONICENSES 5.17; SALMO 62.5

CONFÍA EN MÍ y no tengas miedo porque yo soy tu fuerza y tu canción. No dejes que el temor te robe tu energía. Al contrario, invierte tu energía en confiar en mí y cantar mi canto. La batalla por el control de tu mente es fiera y años de preocupación te han hecho vulnerable al enemigo. Por lo tanto, necesitas estar vigilante en proteger tus pensamientos. No desprecies esta debilidad en ti, pues yo la estoy usando para atraerte más a mí. Tu constante necesidad de mí crea una intimidad que bien vale el esfuerzo. Tú no estás solo en esta batalla por tu mente. Mi Espíritu que vive en ti está siempre dispuesto a ayudar en este esfuerzo. *Los que ocupan su mente en las cosas del Espíritu tienen vida y paz.*

ISAÍAS 12.2; ROMANOS 8.6

PERMÍTEME AYUDARTE a vivir este día. Hay muchos posibles caminos para ir entre tu levantarte por la mañana y tu acostarte por la noche. Mantente alerta respecto de las muchas decisiones que tendrás que hacer a lo largo del camino, estando continuamente consciente de mi Presencia. Para vivir hoy, tendrás que elegir una forma u otra. Una es ir tropezando, gimiendo y lamentándote y aunque al fin llegarás al fin del día, hay un camino mejor. Y este es caminar conmigo por la senda de la paz, recostándote en mí cuando lo creas necesario. Seguirán habiendo dificultades pero podrás confrontarlas confiando en mi fuerza. Dame las gracias por cada problema que encuentres y observa cómo yo transformo las pruebas en bendiciones.

1 CORINTIOS 10.10; LUCAS 1.79

ESTOY CREANDO algo nuevo en ti: una burbuja de gozo que al explotar salpique las vidas de otros. No cometas el error de pensar que este gozo es para ti solo ni trates de atribuirte algún mérito. Más bien deléitate observando cómo mi Espíritu fluye a través de ti para bendecir a otros. Que seas un depósito del fruto del Espíritu.

Tu parte es vivir cerca de mí, sensible a todo lo que estoy haciendo en ti. No trates de controlar el fluir de mi Espíritu en ti. Sólo mantén tu mirada en mí a medida que vamos caminando juntos por este día. Disfruta mi Presencia, la cual te permea con *amor, gozo y paz.*

JUAN 3.8; GÁLATAS 5.22

YO TE HE AMADO con un amor eterno. Antes que comenzara el tiempo yo ya te conocía. Durante años tú te moviste en un mar de sinsentido, buscando amor, esperanza. Todo ese tiempo yo anduve tras ti anhelando tenerte en mis brazos compasivos.

Cuando fue el tiempo me revelé a ti. Te saqué de ese mar de desesperación y te puse sobre un fundamento firme. Hubo ocasiones en que te sentiste desnudo, expuesto a la luz reveladora de mi Presencia. Te arropé con una capa de armiño: *mi capa de justicia.* Te canté una canción de amor, cuyo comienzo y final están cubiertos en eternidad. Infundí sentido a tu mente y puse armonía en tu corazón. Une tu voz a la mía para cantar mi canción. Juntos traeremos a otros *de las tinieblas a mi luz maravillosa.*

JEREMÍAS 31.3; ISAÍAS 61.10; 1 PEDRO 2.9

CUANDO TE ACERCAS A MÍ en quietud y en confianza tu vida se fortalece. Necesitas una zona intermedia de silencio alrededor tuyo para *ver las cosas que no se ven.* Como yo soy invisible, no debes dejar que tus sentidos dominen tu pensamiento. La maldición de esta era es sobre estimular los sentidos lo cual bloquea la percepción del mundo invisible.

El mundo tangible aún refleja mi gloria a aquellos que tienen ojos para ver y oídos para oír. Pasar más tiempo conmigo es la mejor manera para que tus ojos vean y tus oídos oigan. La meta es estar consciente de las cosas invisibles aunque sigas viviendo en el mundo visible.

2 CORINTIOS 4.18; ISAÍAS 6.3; SALMO 130.5

MANTENTE EN *EL* CAMINO ALTO CONMIGO. Muchas veces demandarán tu atención tratando de desviarte a otra ruta. Pero yo te he llamado para que camines lo más cercano a mí. Empapándote de mi Presencia, viviendo en mi paz. Este es mi diseño único para ti, planeado antes que el mundo fuera.

He llamado a cada uno de mis hijos a un camino diferente diseñado en forma distinta para cada uno. No dejes que nadie te convenza que su camino es el único correcto. Y ten cuidado de no engrandecer tu camino como superior al de los demás. Lo que requiero de ti es *que practiques la justicia, que seas misericordioso y que vivas siguiendo fielmente mis instrucciones*, dondequiera que yo te guíe.

EFESIOS 2.10: MIQUEAS 6.8

APRENDE A REÍRTE de ti mismo más libremente. No te tomes, ni a ti ni a tus circunstancias,
demasiado en serio. Relájate y recuerda que yo soy
Dios contigo. Cuando desees mi voluntad sobre todo
lo demás, la vida se hará mucho menos amenazante.
Deja de monitorear mis responsabilidades, lo que está
más allá de tu control. Encuentra la libertad aceptando los límites de tu dominio.

Reír aliviana tu carga y eleva tu corazón hasta
lugares celestiales. Tu risa sube hasta el cielo y se mezcla con las melodías angelicales de alabanza. Así como
los padres se alegran con la risa de sus hijos, así yo me
deleito al oír la risa de los míos. Me regocijo cuando
confías lo suficiente en mí como para disfrutar tu vida
con cierta frivolidad.

No pierdas el gozo de mi Presencia llevando sobre
tus hombros el peso del mundo. En lugar de eso, *lleva
mi yugo y aprende de mí porque mi yugo es fácil de llevar y mi carga es ligera.*

PROVERBIOS 17.22; PROVERBIOS 31.25;
MATEO 1.23; MATEO 11.28-30

TÚ ERES MI HIJO AMADO. Te escogí desde antes de la fundación del mundo para caminar conmigo sendas diseñadas exclusivamente para ti. Concéntrate en mantener el paso conmigo y no trates de anticiparte a los planes que tengo para ti. Si confías que mis planes son *de bien y no de mal*, puedes relajarte y disfrutar el momento presente.

Tu esperanza y tu futuro tienen sus raíces en el cielo donde el éxtasis eternal te espera. Nada puede privarte a ti ni quitarte tu herencia de inimaginables riquezas y bienestar. A veces yo permito que tengas un atisbo de tu glorioso futuro para animarte e incitarte a seguir adelante. Pero tu principal atención debe ser permanecer cerca de mí. Yo fijo el paso tomando en cuenta tus necesidades y mis propósitos.

EFESIOS 1.4; PROVERBIOS 16.9;
JEREMÍAS 29.11; EFESIOS 1.13-14

YO SOY EL FUNDAMENTO FIRME sobre el cual puedes danzar y cantar y celebrar mi Presencia. Este es mi alto y santo llamado a ti; recíbelo como un regalo precioso. *Glorificarme y alegrarme* es una alta prioridad que mantiene una vida limpia y estructurada. Deja de esforzarte para mantener todo bajo control, una tarea imposible y una pérdida de energía preciosa.

Mi dirección para cada uno de mis hijos es única. Por eso es que escucharme es tan vital para tu bienestar. Permíteme prepararte para el día que te espera y ponerte en la dirección correcta. Yo estoy contigo continuamente de modo que no tienes por qué dejarte intimidar por el miedo. Aunque te aceche no puede causarte daño mientras estés tomado de mi mano. No apartes tus ojos de mí, disfrutando de paz en mi Presencia.

SALMO 5.11; EFESIOS 3.20-21; JUDAS 24-25; JOSUÉ 1.5

YO TE ESTOY HABLANDO SIEMPRE. Mi naturaleza es comunicarme, aunque no siempre mediante palabras. Día tras día, lanzo gloriosos crepúsculos a través del cielo. Hablo a través de los rostros y las voces de tus seres queridos. Te acaricio con brisas suaves que te refrescan y deleitan. Hablo suavemente en las profundidades de tu espíritu donde he establecido mi residencia.

Me puedes encontrar en cualquier momento, cuando tengas ojos para verme u oídos para oírme. Pídele a mi Espíritu que aguce tu vista y tu oído espirituales. Yo me alegro cada vez que descubres mi Presencia. Intenta verme y oírme durante intervalos de quietud. Gradualmente me encontrarás en más y más de tus momentos. *Me hallarás cuando me busques, si con toda sinceridad me buscas.*

SALMO 8.1-4; SALMO 19.1-2;
1 CORINTIOS 6.19; JEREMÍAS 29.13

ESPERA PACIENTEMENTE CONMIGO mientras yo te bendigo. No te precipites ante mi Presencia atormentando tu mente. Yo habito en el no-tiempo: *Yo soy, yo fui, yo seré siempre.* Para ti el tiempo es una protección; tú eres una criatura frágil que puede manejar únicamente segmentos de vida de veinticuatro horas. El tiempo también puede ser un tirano implacable. Aprende a manejar tu tiempo o él será quien te maneje a ti.

Aunque tú eres una criatura de tiempo limitado, búscame en mi condición de eterno. Al concentrarte en mi Presencia, las demandas de tiempo y cosas que hacer quedarán eliminadas. *Yo te bendigo y te guardo, mi rostro resplandezca sobre ti y te dé su paz.*

MIQUEAS 7.7; APOCALIPSIS 1.8;
NÚMEROS 6.24-26

AGRADÉCEME por las cosas que te están causando problemas. Tú estás al borde de la rebelión, casi a punto de alzar el puño y amenazarme. Estás tentado a permitirte una pequeña queja por la forma en que te trato. Es mejor que no lo hagas porque una vez que traspasas esa línea, es posible que torrentes de rabia y autocompasión te arrastren. La mejor protección contra esta tentación es el agradecimiento. Es imposible agradecerme y maldecirme al mismo tiempo.

Al principio, agradecerme por las pruebas hará que te sientas atolondrado y calculador. Pero si persistes, tus palabras de agradecimiento, tus oraciones con fe terminarán marcando una diferencia en tu corazón. La gratitud te hará estar consciente de mi Presencia, la que empequeñecerá todos tus problemas.

SALMO 116.17; FILIPENSES 4.4-6

DEJA QUE MI AMOR CORRA POR TI, limpiando miedos y desconfianzas. Cuando busques la forma de enfrentar alguna situación específica y me incluyas en tus pensamientos, eso me demostrará que confías en mí. Mi Presencia continua es una promesa que te garantiza que nunca tendrás que enfrentar nada solo. Aunque mis hijos crecen sabiendo que yo siempre estaré con ellos aun así andan a tropezones por la vida sin darse cuenta de mi amorosa Presencia junto a ellos. ¡Cuánta pena me da esta situación!

Cuando vives el día en confiada dependencia de mí, mi dolido corazón se siente aliviado. Con amable gentileza y suavidad procura volver tu atención a mí no importa cuán lejos hayas estado. En tu caminar conmigo, busco persistencia en lugar de perfección.

SALMO 52.8: DEUTERONOMIO 31.6;
EFESIOS 4.30

TÓMATE DE MI MANO... Y CONFÍA.
Mientras que estés consciente de mi Presencia contigo, todo irá bien. Es virtualmente imposible tropezar mientras caminas si lo haces en la luz conmigo. Yo te diseñé para que disfrutaras de mi compañía más que cualquiera otra cosa. Solo a mi lado podrás encontrar el más completo cumplimiento de tu corazón.

El miedo y la ansiedad desaparecen en la luz de mi Presencia. Cuando te alejas de mí, te haces vulnerable a las tinieblas que siempre están actuando en el mundo. No debe sorprenderte con qué facilidad puedes pecar cuando te olvidas tomarte de mi mano. En el mundo, la dependencia se ve como inmadurez, pero en mi reino, depender de mí es una de las primeras expresiones de madurez.

ISAÍAS 41.10; SALMO 62.5-6

ABRE TUS MANOS y tu corazón para recibir este día como un regalo precioso de mi parte. Yo comienzo cada día con un amanecer anunciando mi Presencia radiante. Para cuando tú te estás levantando ya yo he preparado el día por el cual transitarás. Espero ansioso tu primer pensamiento consciente. Y me regocijo cuando observas mi camino.

Tráeme el don de la acción de gracias el cual abre tu corazón a una rica comunión conmigo. Porque yo soy Dios, de quien fluyen todas las bendiciones, la gratitud es la mejor manera de acercarse a mí. Canta canciones de alabanza a mí; di a otros de mis obras maravillosas. Recuerda que *me regocijaré sobre ti con alegría; te amaré y no te acusaré.*

SALMO 118.24; SALMO 95.2; SOFONÍAS 3.17

PASE LO QUE PASE, sé reposadamente consciente de mí el día de hoy. Recuerda que yo iré delante de ti y, a la vez, al lado tuyo. Nada me toma por sorpresa. Mientras mantengas tu mirada en mí, no dejaré que las circunstancias te abrumen. Te ayudaré a hacer frente a lo que ocurra en el momento presente. Colaborar conmigo produce *una gloria eterna más grande y abundante*. Estar consciente de mi Presencia proporciona un gozo capaz de vencer todas las eventualidades.

SALMO 23.1-4; 2 CORINTIOS 4.16-17

DESCANSA CONMIGO UN MOMENTO.
En los días recientes has tenido que subir cuestas y
andar por caminos pedregosos. Y lo que tienes por
delante es incierto. No mires ni atrás ni adelante. Pon
toda tu atención en mí que soy tu compañía constante. Confía en que te prepararé para lo que sea que
tengas que enfrentar en el camino.

Yo diseñé el tiempo para que fuera una protección para ti. No podrías soportar ver toda tu vida de
una vez. Aunque yo no estoy sujeto a los límites de
tiempo es en el momento presente que me reúno contigo. Recupera tus fuerzas en mi compañía, absor-
biendo grandes cantidades de aire de mi Presencia. El
más alto nivel de confianza es disfrutar conmigo
momento a momento. *Estaré contigo y te protegeré
dondequiera que vayas.*

SALMO 143.8; GÉNESIS 28.15

PRUÉBAME Y COMPRUEBA LO BUENO
QUE SOY. Esta instrucción contiene una invitación
a experimentar mi Presencia viva. También contiene
una promesa. Mientras más me experimentas más
convencido estarás de mi bondad. Este conocimiento
es esencial a tu andar por fe. Cuando la adversidad
golpea, el instinto humano es dudar de mi bondad.
Mis caminos son misteriosos incluso para quienes me
conocen íntimamente. *Así como el cielo es más alto que
la tierra, mi conducta y mis pensamientos son más elevados que los de ustedes.* No trates de sondear mis
caminos. Mejor, dedica tiempo a disfrutar mi compañía y experimentar mi bondad.

SALMO 34.8; ISAÍAS 55.8-9

AL SALTAR DE LA CAMA por la mañana, sé consciente de mi Presencia contigo. Es probable que, recién despierto, aún no estés pensando con claridad pero yo sí. Tus pensamientos por la mañana tienden a ser de ansiedad hasta que te conectas conmigo. Invítame a participar de tus pensamientos susurrando mi nombre. Al hacerlo comprobarás que de pronto tu día se pone brillante y te sientes más cómodo. A un día que vibra con mi Presencia no se le puede temer.

Ves crecer tu confianza al saber que yo estoy contigo y que no tendrás que enfrentar nada solo. La ansiedad surge de la pregunta equivocada: «Si sucede tal o cual cosa ¿podré manejarla?» La verdadera pregunta no es si puedes hacer frente a lo que te ocurra sino si tú y yo juntos podemos enfrentar lo que ocurra. Es este factor «tú y yo juntos» que te da confianza para enfrentar el día alegremente.

SALMO 5.3; SALMO 63.1; FILIPENSES 4.13

YO SOY LA VERDAD: el que vino *a hacerte libre*. Al controlar el Espíritu Santo tu mente y tus acciones, llegas a ser libre en mí. Tu liberación va en aumento hasta que llegas a ser como yo te creé. Este es un trabajo que hago en ti en la medida que te rindes a mi Espíritu. Puedo hacer un excelente trabajo cuando te sientas en la quietud de mi Presencia y te concentras completamente en mí.

Deja que mis pensamientos se desplieguen libremente en tu conciencia estimulando vida abundante. *Yo soy el camino, la verdad y la vida.* Si me sigues, te guiaré por caminos novedosos: caminos que nunca ni siquiera te has imaginado. No tendrás que preocuparte por lo que haya adelante. Quiero que encuentres tu seguridad en conocerme a mí, el que murió *para hacerte libre*.

JUAN 8.32; FILIPENSES 2.13; JUAN 14.6

Julio

Así que a los que están
unidos a Jesucristo ya no les
espera ninguna condenación.

ROMANOS 8.1

YO SOY VIDA Y LUZ EN ABUNDANCIA.
Pasar tiempo en mi Presencia te dará nuevas energías
y luz interior. Comunicándote conmigo estarás trans-
firiendo tus pesadas cargas a mis hombros poderosos.
Contemplándome obtendrás mi perspectiva sobre tu
vida. Este tiempo a solas conmigo es esencial para
desenmarañar tus pensamientos y hacer más llano el
camino que tienes por delante.

Disponte a luchar por este tiempo precioso conmigo. Tendrás oposición que se presentará en diversas
formas: tu propio deseo de quedarte en cama; la
determinación de alguien de distraerte de mí; la presión de la familia, amigos y tu propia resistencia interior a pasar tiempo más productivo. A medida que tu
deseo de complacerme por sobre toda otra cosa
aumente, tus fuerzas crecerán para resistir a estos
adversarios. *Deléitate en el Señor. Así él te dará lo que
tu corazón anhela.*

SALMO 48.9; DEUTERONOMIO 33.12;
SALMO 37.4

DÉJAME MOSTRARTE el plan que tengo para ti para este día. Yo no dejo de guiarte así es que relájate y disfruta de mi Presencia en el presente. Vivir bien es tanto una disciplina como un arte. Preocúpate de permanecer cerca de mí, el artista divino. Somete a disciplina tus pensamientos para confiar en mí mientras yo establezco mi estilo en tu vida. Ora por todas estas cosas; luego, deja los resultados en mis manos. Que mi voluntad no te atemorice porque a través de ella yo consigo lo que es mejor para ti. Haz una inhalación profunda y sumérgete en las profundidades de la confianza más absoluta en mí. *Abajo están los brazos eternos.*

SALMO 5.2-3; DEUTERONOMIO 33.27

MIS HIJOS hacen de juzgarse unos a otros y a ellos mismos un pasatiempo. Pero yo soy el único juez capaz y te he perdonado a través de mi propia sangre. Tu perdón llegó al precio de mi sacrificio incomparable. Por eso es que me siento muy ofendido cuando oigo a mis hijos juzgarse unos a otros o permitirse el autoodio.

Si tú vives cerca de mí y absorbes mi Palabra, el Espíritu Santo te guiará y corregirá de acuerdo con tu necesidad. No hay *condenación* para los que me pertenecen.

LUCAS 6.37; 2 TIMOTEO 4.8; TITO 3.5;
ROMANOS 8.1

CUANDO ME ADORAS *en espíritu y en verdad* te estás uniendo a un coro de ángeles que están permanentemente ante mi trono. Aunque no te es posible oír sus voces, tus alabanzas y expresiones de gracia son claramente audibles en el cielo. También se oyen tus peticiones pero lo que llega más claramente a mi corazón son tus expresiones de gracias. Con el camino abierto entre nosotros, mis bendiciones caen sobre ti en rica abundancia. La mayor bendición está cerca de mí. Gozo abundante y paz hay en mi Presencia. Practica sin interrupciones la alabanza y el agradecimiento a mí a lo largo de todo este día.

JUAN 4.23-24; SALMO 100.4

ACÉRCATE A MÍ con un corazón agradecido, consciente que tu copa está rebosando de bendiciones. La gratitud te capacita para percibirme más claramente y para disfrutar nuestra relación amorosa. *Nada podrá apartarte de mi amor.* Esta es la base de tu seguridad. Cada vez que empieces a sentirte ansioso recuerda que tu seguridad descansa solamente en mí y que yo soy totalmente confiable.

Nunca podrás tener el control de las circunstancias de tu vida, pero puedes tranquilizarte y confiar en que yo lo tengo. En lugar de esforzarte por lograr un estilo de vida confiable y predecible trata de conocerme con mayor profundidad y amplitud. Mi anhelo es hacer de tu vida una aventura gloriosa pero para eso debes dejar de aferrarte a los viejos estilos. Yo siempre estoy haciendo algo nuevo en las vidas de mis seres amados. Observa todo lo que he preparado para ti.

ROMANOS 8.38-39; SALMO 56.3-4;
ISAÍAS 43.19

YO SOY TU DIOS-PADRE. ¡Escúchame!
Aprende lo que significa ser un hijo del Rey eterno. Tu
más elevado deber es tu devoción a mí. Esta tarea es
un privilegio tan especial que puede considerarse un
lujo. Es posible que tiendas a sentirte culpable por
mover los linderos de tu vida para hacer espacio en el
que puedas pasar tiempo a solas conmigo. El mundo
está a la expectativa para meterte en su molde y privarte del tiempo que querrás pasar conmigo. Las formas que el mundo tiene también han distorsionado tu
conciencia lo que te priva de hacer la única cosa que
me agrada más: que busques mi rostro. Escucha mi
voz por sobre el clamor de las voces que tratan de distraerte. Pídele a mi Espíritu que controle tu mente
porque Él y yo trabajamos en perfecta armonía. Busca
la quietud y pon atención a mi Presencia. *Estás
pisando tierra santa.*

ISAÍAS 9.6; ZACARÍAS 9.9; ROMANOS 8.15-16;
ÉXODO 3.5

CONFÍA EN MÍ EN TODOS TUS PENSA-
MIENTOS. Yo sé que algunos pensamientos son
inconscientes o semiconscientes y no te hago respon-
sable por ellos. Pero tú puedes dirigir pensamientos
conscientes mucho más de lo que puedes darte
cuenta. Piensa en ciertas maneras: confiando en mí,
agradeciéndome y todos esos pensamientos surgirán
en forma más natural. Rechaza los negativos o pecaminosos tan pronto como los veas aparecer en tu
mente. No trates de esconderlos de mí. Confiésalos y
déjalos en mis manos. Sigue tu camino sin esa carga.
Este método de control protegerá tu mente en mi
Presencia y *tus pasos por el camino de la paz.*

SALMO 20.7; 1 JUAN 1.9; LUCAS 1.79

CUANDO BUSQUES MI ROSTRO, pon a un lado cualquier otro pensamiento. Yo estoy por sobre todo. Tu comunión conmigo trasciende tiempo y circunstancias. Prepárate para ser bellamente bendecido por mi Presencia porque yo soy un Dios de una abundancia ilimitada. Abre tu corazón y tu mente para recibir más y más de mí. Cuando tu gozo en mí se ponga a la altura de mi gozo en ti habrá fuegos artificiales de éxtasis. Esta es la vida eterna aquí y ahora: una pequeña muestra de lo que te espera en la vida que viene. *Ahora vemos como si estuvieras viendo una figura en un espejo defectuoso, pero un día veremos las cosas como son, cara a cara.*

JUAN 15.11; 1 CORINTIOS 13.12

DEJA DE PREOCUPARTE a lo menos lo suficiente como para que se oiga mi voz. Yo te hablo quedamente en las profundidades de tu ser. Como una lanzadera, tu mente va y viene, de aquí para allá y de allá para acá tejiendo redes de ansiosa confusión. Cuando mis pensamientos empiezan a tomar forma dentro de ti, se enmarañan en aquellas pegajosas redes de preocupación. De esta manera, mi voz se apaga y tú solo oyes «ruidos blancos».

Pídele a mi Espíritu que tranquilice tu mente de modo que puedas pensar mis pensamientos. Esta habilidad es un beneficio impresionante por ser mi hijo, hecho a mi propia imagen. No te dejes aturdir por los ruidos del mundo o por tus propios pensamientos. En lugar de eso, experimenta la *transformación por la renovación de tu mente*. Permanece quieto en mi Presencia dejando que mis pensamientos reprogramen tu forma de pensar.

DEUTERONOMIO 30.20; GÉNESIS 1.27;
ROMANOS 12.2

RELÁJATE EN MI PRESENCIA APACIBLE.
No traigas asuntos que causen presión dentro de
nuestro espacio sagrado de comunión. Cuando estás
con alguien en quien confías plenamente, te sientes
libre de ser tú mismo. Esto es una de las alegrías de la
verdadera amistad. Aunque soy Señor de señores y
Rey de reyes, también deseo ser tu amigo íntimo.
Cuando estás tenso o presumes de nuestra amistad,
me siento herido. Yo conozco lo peor de ti pero también conozco lo mejor que tienes. Cómo quisiera que
confiaras en mí lo suficiente como para ser completamente tú conmigo. Cuando eres auténtico, yo puedo
sacar lo mejor que hay en ti: los verdaderos dones que
he puesto en tu alma. Relájate y disfrutemos nuestra
amistad.

APOCALIPSIS 17.14; JUAN 15.13-15

ADÓRAME ÚNICAMENTE A MÍ. La idola-
tría ha sido siempre la ruina de mi pueblo. No es ningún secreto que soy un Dios celoso. Los ídolos de
ahora son más sutiles que los de los tiempos antiguos
porque los dioses falsos de ahora están a menudo
fuera del campo de la religión. La gente, las posesiones, las posiciones sociales y el autoengrandecimiento
son algunos de los dioses más populares del día de
hoy. Cuidado con inclinarte delante de estas cosas. Los
dioses falsos nunca dan satisfacción; más bien tientan
más y más cada vez.

Cuando me busques a mí en lugar de los ídolos
del mundo experimentarás mi gozo y mi paz. Estos
valores intangibles saciarán la sed de tu alma prove-
yendo profunda satisfacción. El brillo del mundo es
pequeño y temporal. La luz de mi Presencia es fulgu-
rante y dura eternamente. Camina en la luz conmigo.
De esta manera serás un faro a través de quien otros se
acercarán a mí.

ÉXODO 20.4-5; 2 SAMUEL 22.29

CADA VEZ QUE TE SIENTAS DISTANTE de mí, pronuncia mi nombre en amorosa confianza. Esta simple oración puede hacerte sentir de nuevo cerca.

En el mundo se abusa de mi nombre constantemente. Hay quienes lo usan incluso para maldecir. Esta agresión verbal llega hasta el cielo donde se escucha y se registra cada palabra. Cuando tú, confiadamente pronuncias mi nombre, mis oídos se deleitan. El horrible rechinar de las blasfemias del mundo no pueden competir con una sola palabra pronunciada confiadamente por ti: «Jesús». El poder de mi nombre bendiciendo tanto a ti como a mí está más allá de lo que puedes entender. Pronuncia mi nombre en amorosa confianza.

HECHOS 4.12; JUAN 16.24

QUIERO QUE EXPERIMENTES la riqueza de
tu salvación: el gozo de saberte amado y perfeccio-
nado constantemente. Es posible que hayas hecho una
práctica el autojuzgarte según cómo luzcas, cómo te
comportes y cómo te sientas. Si te gusta lo que ves en
el espejo es posible que te sientas un poco más digno
de mi amor. Cuando todo va bien y lo que haces te
parece adecuado, te parece más fácil creer que eres el
hijo a quien yo amo. Pero cuando estás desalentado
tiendes a mirar hacia tu interior tratando de corregir
lo que sea que no esté bien.

No estés cabizbajo ni te avergüences. Más bien, en
lugar de usar tu energía para juzgarte úsala para exal-
tarme. Recuerda que yo te veo vestido en mi justicia,
radiante en mi amor perfecto.

EFESIOS 2.7-8; HEBREOS 3.1; SALMO 34.5

MANTENTE CAMINANDO conmigo en el camino que yo he elegido para ti. Tu deseo de vivir cerca de mí es un deleite para mi corazón de tal manera que podría concederte instantáneamente las riquezas espirituales que anhelas pero esa no es la forma en que quiero responder a tu deseo. Juntos podemos abrirnos camino hacia la cumbre de la montaña. Por momentos, el andar se hará difícil y es posible que tiendas a desfallecer. Algún día podrás danzar en las más grandes alturas pero por ahora, tus pasos se ponen difíciles y pesados. Todo lo que te pido es que des el siguiente paso, no te sueltes de mi mano porque en ella tendrás la fuerza y la dirección que necesitas. Aunque el camino sea difícil y a veces el entorno parezca hostil hay centelleantes sorpresas que te esperan más adelante. Sigue avanzando en el camino que he seleccionado para ti porque en verdad es el *camino de vida.*

SALMO 37.23-24; SALMO 16.11

¡NO TE PREOCUPES POR EL MAÑANA! Esto no es una sugerencia sino una orden. Yo dividí el tiempo en días y noches, de modo que pudieras tener porciones de vida manejables. *Mi amor debe ser suficiente para ti* pero lo es solo para un día a la vez. Cuando te preocupas por el futuro, estás acumulando problemas sobre tu frágil ser. Sucumbirás bajo el peso de esta carga la cual nunca pretendí que llevaras.

Con un simple movimiento de confianza podrás deshacerte de esa carga opresiva. Aunque pensamientos de ansiedad te cerquen y se entrecrucen en tu cerebro, mantener tu confianza en mí te llevará directo a mi Presencia. Al afirmarte de esta manera en tu fe, los grilletes de la preocupación caerán instantáneamente. Disfruta de mi Presencia en forma constante confiando en mí en todo tiempo.

MATEO 6.34; 2 CORINTIOS 12.9; SALMO 62.8

LA AUTOCOMPASIÓN ES UN POZO
RESBALADIZO Y SIN FONDO. Una vez que
caes en él tiendes a hundirte más y más en el fango.
Vas camino de la depresión mientras te inunda una
cerrada oscuridad.

Tu única esperanza es mirar arriba y ver la luz de
mi Presencia alumbrándote. Aunque desde tu perspectiva al fondo del pozo la luz pudiera parecerte
débil, esos rayos de esperanza pueden alcanzarte no
importa lo profundo que estés. Mientras mantengas
tu mirada en mí podrás empezar a salir del abismo de
la desesperación en que te encuentras. Cuando alcances mi mano y te agarres de ella yo te traeré nueva-
mente a mi luz. Te limpiaré, te quitaré toda la suciedad
y te cubriré con mi manto de justicia y echaremos a
caminar, juntos, por el camino de la vida.

SALMO 40.2-3; SALMO 42.5; SALMO 147.11

VEN CONMIGO por un momento. El mundo con sus interminables demandas puede esperar. Muchos me dejan esperando con la idea de que algún día tendrán tiempo para preocuparse de mí. Pero mientras más tiempo me dejan en el fondo de sus vidas, más difícil les resultará encontrarme.

Tú vives en medio de gente que glorifica el estar siempre ocupados. Han hecho del tiempo un tirano que controla sus vidas. Aun los que me conocen como Salvador tienden a marchar al ritmo que les marca el mundo. Se han dejado atrapar por la ilusión de que mientras más cosas hacen, mejor: más reuniones, más programas, más actividad.

Yo te he llamado para que me sigas en un camino solitario, haciendo del tiempo pasado a solas conmigo la más alta prioridad y el gozo más profundo. Es este un camino muy poco apreciado y a menudo despreciado. Sin embargo, al hacerlo *tú habrás escogido el mejor, y nadie te lo va a quitar.* Es más, al caminar cerca de mí, yo puedo bendecir a otros al bendecirte a ti.

CANTAR DE LOS CANTARES 2.13; LUCAS 10.42

YO ESTOY MÁS CERCA de lo que tú crees, ricamente presente en todos tus momentos. Estás conectado a mí mediante lazos de amor que nadie puede destruir. Sin embargo, es posible que a veces te sientas solo porque tu unión conmigo es invisible. Pídeme que te abra los ojos de modo que puedas encontrarme dondequiera que sea. Mientras más consciente estés de mi Presencia, más seguro te sentirás. Esto no es una suerte de escape de la realidad sino que es estar conectado con la *realidad suprema*. Yo soy, lejos, más real que el mundo que tú puedes ver, oír y tocar. *La fe es la seguridad de recibir lo que se espera, es estar convencido de lo que no se ve.*

HECHOS 17.27-28; HEBREOS 11.1

TRÁEME TODOS TUS SENTIMIENTOS, incluso aquellos que no quisieras tener. Es posible que el miedo y la ansiedad no dejen de atormentarte. Los sentimientos, *per se* no son pecaminosos pero sí pueden tentarte a pecar. Proyectiles llameantes de miedo vuelan hacia ti de día y de noche. Son ataques de Satanás que inexorablemente llegarán a ti; por lo tanto, no debes dejar de usar el *escudo de fe para apagar los dardos de fuego que arroja el maligno.* Ratifica tu confianza en mí sin importar cómo te sientas. Si persistes, tus sentimientos finalmente se alinearán con tu fe.

No te escondas de tus miedos ni pretendas que no existen. La ansiedad que pudieras esconder en la intimidad de tu corazón dará origen al miedo de miedos: un monstruoso hijastro. Saca tus ansiedades a la luz de mi Presencia donde podremos enfrentarlas juntos. Concéntrate en confiar en mí y los temores perderán gradualmente su punto de apoyo dentro de ti.

EFESIOS 6.16; 1 JUAN 1.5-7; ISAÍAS 12.2

BUSCA MI ROSTRO y encontrarás todo lo que
has venido deseando. Los anhelos más profundos de
tu corazón son para compartir en intimidad conmigo.
Lo sé porque así te formé, para que desearas estar conmigo. No te sientas culpable por dedicar tiempo a
estar en silencio en mi Presencia. Estás simplemente
respondiendo a los jalonazos que te hace la divinidad
dentro de ti. Yo te hice a mi imagen y puse cielo en tu
corazón. Tus anhelos de mí son una forma de nostal-
gia: deseos de estar en tu verdadero hogar en el cielo.

No tengas miedo a ser diferente de otras personas. El camino que he dispuesto para que lo transites
es exquisitamente adecuado para ti. Mientras más
cerca sigas mi dirección, más plenamente podré desarrollar tus dones. Al seguirme con entusiasmo deberás
renunciar a tu deseo de agradar a otras personas. Sin
embargo, tu cercanía a mí bendecirá a otros al capacitarte para brillar en la oscuridad de este mundo.

SALMO 42.1-2; SALMO 34.5; FILIPENSES 2.15

DESCANSA EN MI PRESENCIA CUANDO necesites recuperar tus fuerzas. Descansar no es, necesariamente, mantenerse sin hacer nada como a menudo la gente lo entiende. Cuando te relajas en mi compañía estás demostrando confianza en mí. *Confiar* es una palabra de gran riqueza, cargada con significado e indicaciones para tu vida. Yo quiero que te *apoyes, confíes y creas en mí*. Cuando te recuestas en mí buscando apoyo, yo me deleito en tu confianza.

Mucha gente se aleja de mí cuando se siente exhausta. Me asocian con actividad y diligencia por lo que tratan de esconderse de mi Presencia cuando lo que necesitan es un descanso de sus trabajos. ¡Cuánta tristeza me causan! Como dije a través de mi profeta Isaías: *Sólo volviéndose a mí y confiando en mí serán salvados. En la quietud y confianza en mí está su fuerza.*

PROVERBIOS 3.5; ISAÍAS 30.15

ENCUENTRA LA LIBERTAD al buscar complacerme por sobre todas las cosas. *Sólo Cristo es Rabí.* Cuando permites que otras expectativas te controlen estás desperdiciando tus energías. Incluso tu deseo de lucir bien puede consumir terminar con tus fuerzas. Yo soy tu Señor y no te voy a guiar a que seas lo que no eres. Tus fingimientos me desagradan, especialmente cuando es en mi «servicio». Concéntrate en permanecer cerca de mí en todo tiempo. Es imposible no ser auténtico cuando estás en mi Presencia.

EFESIOS 5.8-10; MATEO 23.8; MATEO 6.1

YO SOY LA LUZ DEL MUNDO. Los hombres se pasan la vida maldiciendo la oscuridad mientras yo no dejo de alumbrar. Mis deseos son que cada uno de mis seguidores sea una luz que brille. El Espíritu Santo que vive en ti puede iluminar a través de tu rostro haciéndome visible a las personas cercanas a ti. Pídele a mi Espíritu que viva a través de ti mientras avanzas en tu caminar el día de hoy. Mantente asido a mi mano en una confianza de gozo para que nunca dejes de sentirme a tu lado. La luz de mi Presencia brilla sobre ti. Ilumina el mundo reflejando quien soy yo.

JUAN 8.12; MATEO 5.14-16;
2 CORINTIOS 3.18; ÉXODO 3.14

LA GRATITUD ABRE LA PUERTA a mi Presencia. Aunque yo estoy siempre contigo, he dado pasos importantes para preservar tu libertad de elegir. Así, he puesto una puerta entre tú y yo y te he dado la capacidad de abrirla o cerrarla. Hay muchas maneras de abrirla pero la más efectiva es una profunda gratitud.

El agradecimiento se levanta sobre una infraestructura de confianza. Cuando la palabra gratitud brinca en tu garganta necesitas comprobar tu base de confianza. Cuando la gratitud fluye libremente de tu corazón y de tus labios, deja que te acerque más a mí. Quiero que aprendas el arte de *dar gracias a Dios en cualquier situación.* Ve cómo puedes darme gracias muchas veces durante el día. Esto te hará estar consciente de una multitud de bendiciones. También amortiguará el impacto de las pruebas cuando aparezcan en tu vida. Acude a mi Presencia practicando la disciplina del agradecimiento.

SALMO 100.4; 1 TESALONICENSES 5.18

AL ESCUCHAR a los pajarillos llamándose los unos a los otros, escucha también mi llamado de amor a ti. Yo te estoy hablando continuamente: a través de lo que ves, de lo que oyes, de las cosas que te impresionan, de la Escritura. No hay límites para la variedad de formas en que puedo comunicarme contigo. Tu parte es estar atento a mis mensajes sea en la forma que sea que llegue. Cuando te dispongas a encontrarte conmigo descubrirás que el mundo vibra con mi Presencia. Me puedes encontrar no solo en lo hermoso y en el canto de las aves sino también en la tragedia y en los rostros del sufrimiento. Yo puedo tomar las peores de las angustias y hacer que lo que nos suceda *sea para nuestro bien.*

Búscame a mí y mis mensajes mientras transcurre el día. *Me hallarán cuando me busquen, si con toda sinceridad me buscan.*

JUAN 10.27; ROMANOS 8.28; JEREMÍAS 29.13

TRANQUILÍZATE Y DÉJAME QUE TE GUÍE
a lo largo de este día. Todo lo tengo bajo control: Mi
control. Tu tendencia es observar ansiosamente el
transcurrir del día tratando qué hacer y cuando
hacerlo. Mientras tanto, el teléfono o el timbre suenan
y tú tienes que hacer un reajuste a tus planes. Todo eso
te saca de tu intención de estar conmigo. Dedicar tu
atención a mí no solo tiene que ver con momentos de
quietud sino con tiempo. Si me miras, te mostraré lo
que tienes que hacer ahora y luego.

Los planes obsesivos tienden a hacer perder a la
gente grandes cantidades de tiempo precioso y de
energía. Cuando me dejas que yo guíe tus pasos, estás
liberándote para disfrutar tu compañía conmigo y
encontrar lo que tengo preparado para ti para este día.

SALMO 32.8; SALMO 119.35; SALMO 143.8

LA ESPERANZA es una cuerda dorada que te conecta con el cielo. Este vínculo te permite mantener tu cabeza en alto aunque las pruebas te acosen. Yo nunca me separo de tu lado ni me suelto de tu mano. Pero sin la cuerda de esperanza tu cabeza tenderá a caer y empezarás a arrastrar tus pies mientras vas cuesta arriba conmigo. La esperanza levanta tu perspectiva desde tus pies cansados a la gloriosa vista que puedes tener desde lo alto del camino. Te recuerda que el camino por el cual vamos te lleva directamente al cielo. Cuando piensas en este radiante destino final, lo duro o lo suave del camino que tienes por delante pierde mucha de su importancia. Te estoy preparando para que mantengas en tu corazón un doble enfoque: Mi Presencia permanente y la esperanza del cielo.

ROMANOS 12.12; 1 TESALONICENSES 5.8;
HEBREOS 6.18-19

DEJA QUE MI AMOR se escurra a lo más íntimo de tu ser. No me prives de ninguna parte de ti. Yo te conozco por dentro y por fuera de modo que no trates de impresionarme con un aspecto puro de tu ser. Las heridas que tratas de ocultar de la luz de mi amor tienden a enconarse y supurar. Los pecados secretos que pretendes «ocultar» de mí pueden en algún momento desarrollar vida por sí solos llegando a controlarte sin que te des cuenta.

Sensibilízate decididamente a mi Presencia transformadora. Deja que mi brillante luz de amor busque y destruya miedos escondidos. Este proceso requiere tiempo a solas conmigo mientras mi amor ausculta tu ser más íntimo. Disfruta de *mi amor perfecto, el cual echa fuera todo temor*.

SALMO 139.1 4, 23-24; 1 JUAN 4.18

VEN A MÍ CONTINUAMENTE. Yo estoy para ser el centro de tu conciencia, el *ancla de tu alma*. Es posible que tu mente vague lejos de mí pero el punto clave es cuán lejos permitirás que lo haga. Un ancla con una cuerda corta no deja que el bote vague a la deriva. De igual manera, si tú te alejas de mí, mi Espíritu dentro de ti te dará un jalón para que regreses prontamente a mí. En la medida que te adaptas más y más a mi Presencia, la longitud de la cuerda del ancla de tu alma se reducirá. Eso hará que te alejes de mí una corta distancia antes que sientas un tirón desde tu ser interior para traerte de vuelta a tu verdadero centro que soy yo.

HEBREOS 6.19; 1 JUAN 2.28; MATEO 22.37

ADÓRAME *en la belleza de la santidad.* Yo creé la belleza para declarar la existencia de mi ser santo. Una rosa maravillosa, una obsesionante puesta de sol, el esplendor del océano, todo está ahí para proclamar mi Presencia en el mundo. Mucha gente pasa rápidamente de largo ante estas proclamaciones sin pensar en lo que significan. Algunos usan la belleza, especialmente la gracia femenina, para vender sus productos.

Cuán preciosos son mis hijos que se impresionan por la belleza de la naturaleza. Esto les abre a mi santa Presencia. Aun antes que me conocieras personalmente tú reaccionaste a mi creación con arrobamiento. Este es un don que conlleva responsabilidad. Proclama ante el mundo mi ser glorioso. *Toda la tierra está llena de mi gloria.*

SALMO 29.2; ISAÍAS 6.3

CONFÍA EN MÍ en lo profundo de tu ser. Es allí donde yo vivo en permanente comunión contigo. Cuando exteriormente te sientas desconcertado y agotado, no te dejes perturbar. Tú eres solo un ser humano y los movimientos envolventes que se dan alrededor tuyo parecen a veces sobrepasar tu capacidad de soportar. En lugar de recriminarte por tu condición de humano, recuerda que yo estoy contigo y en ti.

Yo estoy contigo todo el tiempo, animándote y apoyándote en lugar de condenándote. Yo sé que muy dentro de ti, donde yo vivo, mi paz es tu experiencia continua. Haz más lento tu ritmo de vida aunque sea por un tiempo. Tranquiliza tu mente en mi Presencia. Entonces podrás oírme concediéndote la bendición de la resurrección. *La paz sea contigo.*

COLOSENSES 1.27; MATEO 28.20; JUAN 20.19

Agosto

De aquel que cree en mí,
brotarán ríos de agua viva,
como dice la Escritura.

JUAN 7.38

NADA PODRÁ SEPARARTE *de mi amor*. Deja que esta seguridad divina fluya a través de tu mente, en tu corazón y en tu alma. Cada vez que empieces a sentirte con miedo o ansioso, repite esta promesa incondicional: «Nada me podrá separar de tu amor, Jesús».

La mayor parte de las miserias de la humanidad tiene sus raíces en la sensación de la gente de que ya no se les quiere. En medio de circunstancias adversas, tienden a sentir que el amor se ha ido y que se les ha olvidado. Este sentimiento de abandono es a menudo peor que la propia adversidad. Ten la seguridad que yo nunca abandono a ninguno de mis hijos ni siquiera temporalmente. *No te abandonaré, ni dejaré de ayudarte.* Mi Presencia está sobre ti continuamente. *En la palma de mi mano he grabado tu nombre.*

ROMANOS 8.38-39; JOSUÉ 1.5;
ISAÍAS 49.15-16

TRÁEME EL SACRIFICIO de tu tiempo: uno de los artículos más valiosos, hoy por hoy. En este mundo adicto a la actividad son pocos mis hijos que se toman tiempo para sentarse tranquilos en mi Presencia. Pero para aquellos que lo hacen las bendiciones fluyen como *ríos de agua viva*. Yo, de quien surgen todas las bendiciones soy también bendecido por el tiempo que pasamos juntos. Este es un misterio profundo; no trates de descifrarlo. En lugar de eso, glorifícame deleitándote en mí. ¡Disfruta de mi compañía ahora y siempre!

SALMO 21.6; JUAN 7.38; SALMO 103.11

CUIDA CELOSAMENTE TUS PALABRAS.
Las palabras tienen poder como para bendecir o para
herir. Cuando hablas descuidada o negativamente
puedes causar heridas a otros o a ti mismo. Esta capacidad de hablar es un privilegio asombroso concedido
solo a quienes creé a mi imagen. Sin duda que necesitas ayuda para usar responsablemente esta poderosa
herramienta.

Aunque el mundo aplaude las respuestas veloces,
mis instrucciones sobre la comunicación son muy
diferentes: *Debes estar listo para escuchar, ser lento para
hablar y para enojarte.* Pídele a mi Espíritu que te
ayude cuando vayas a hablar. Te he preparado para
orar: «Ayúdame, Espíritu Santo» antes de contestar el
teléfono y has visto el beneficio de esta disciplina.
Simplemente aplícala a la comunicación con las personas que te rodean. Si ellos están callados, ora antes
de hablarles. Si están hablando, ora antes de responder. Hay oraciones que duran una fracción de
segundo pero eso es suficiente para que te pongan en
contacto con mi Presencia. De esta manera, tu hablar
quedará sujeto al control de mi Espíritu. En la medida
que tu palabra positiva reemplace a la negativa, el
aumento en tu gozo te sorprenderá.

PROVERBIOS 12.18; SANTIAGO 1.19;
EFESIOS 4.29

SOSTÉN MI MANO y camina gozoso conmigo a lo largo de este día. Juntos disfrutaremos de los placeres y soportaremos las dificultades que traiga el día. Pon atención para descubrir lo que he preparado para ti: paisajes impactantes, aires de aventura fortificantes, rincones acogedores para descansar cuando estás rendido y mucho más. Yo soy tu guía así como tu compañía constante. Conozco cada detalle en el camino que tienes por delante hasta llegar al cielo.

No tienes que elegir entre estar cerca de mí o mantenerte caminando. Toda vez que Yo soy el camino, permanecer cerca de mí es mantenerte andando. Si concentras tus pensamientos en mí podré guiarte con todo cuidado durante la jornada de hoy. No te preocupes por lo que vayas a encontrar en el próximo recodo del camino. Solo concéntrate en disfrutar de mi Presencia y mantente caminando conmigo.

JUAN 14.6; COLOSENSES 4.2

PERMANECE QUIETO EN MI PRESENCIA
mientras yo te bendigo. Haz de tu mente una especie
de tranquilo estanque de agua listo para recibir todos
los pensamientos que quisiera echar en él. Descansa
en mi suficiencia mientras piensas en los desafíos que
te presenta el día de hoy. No te preocupes pensando si
eres capaz de enfrentar las presiones. Mantente
mirándome y comunicándote conmigo mientras
vamos juntos avanzando en el camino de este día.

Dedica tiempo a descansar a la orilla del camino
porque yo no estoy apurado. Con un tiempo de ocio
se consigue más que con esfuerzos a toda carrera.
Cuando te apresuras estás olvidando quién eres y a
quién perteneces. Recuerda que en mi reino tú perteneces a la realeza.

SALMO 37.7; ROMANOS 8.16-17; 1 PEDRO 2.9

CUANDO LAS COSAS PARECEN ir mal, detente y confirma tu confianza en mi. Con tranquila seguridad tráemelas y déjalas en mis manos poderosas. Después de hacer esto, sencillamente atiende al siguiente asunto de tu agenda. Mantente en contacto conmigo a través de tus expresiones de gracias, oraciones de confianza, descanso en mi control soberano. Regocíjate en mí, en el Dios de tu salvación. Aunque confías en mí, *El Señor Dios es quien te hace estar fuerte. Te dará la velocidad de un venado y te conducirá con seguridad sobre la altura de las montañas.*

JOB 13.15; SALMO 18.33; HABACUC 3.17-19

LA INTELIGENCIA jamás te traerá paz. Por eso es que te he dicho que confíes en *el Señor con todo tu corazón, y no confíes en tu propia inteligencia.* Los seres humanos tienen un apetito voraz por tratar de entender las cosas para alcanzar una especie de dominio sobre sus vidas. Pero el mundo se te presenta con una serie interminable de problemas. Tan pronto como llegas a dominar algunos de ellos surgen otros que te desafían a intentar otro tanto. Y el alivio que habías anticipado es de muy corta vida. Cuando menos lo piensas, tu mente está de nuevo ansiosa, buscando la inteligencia (dominio) en lugar de buscarme a mí, tu Maestro.

El más sabio entre todos los hombres, Salomón, nunca pudo imaginarme en su camino hacia la paz. Su vasta inteligencia llegó a ser sentimientos de futilidad más que de realización. Finalmente, extravió el camino cayendo derrotado ante la voluntad de sus esposas al transformarse en un adorador de sus ídolos.

Mi paz no es una meta esquiva, oculta en el centro de una complicada maraña. En realidad, tú estás siempre envuelto en paz, la cual es inherente a mi Presencia. Si me miras, obtendrás la seguridad de esta paz preciosa.

PROVERBIOS 3.5-6; ROMANOS 5.1;
2 TESALONICENSES 3.16

YO TE HABLO desde los más profundos cielos. Y tú me oyes desde lo más profundo de tu ser. Lo profundo llama a lo profundo. Tú eres bendecido al oírme tan directamente. Nunca pienses que eres merecedor de este privilegio. La mejor reacción es un corazón rebosante de gratitud. Yo te estoy preparando para que cultives una actitud de agradecimiento. *Esto es como un hombre que edificó su casa sobre una roca bien firme. Cuando llegaron las lluvias, las inundaciones y los huracanes la casa no se derrumbó porque estaba edificada sobre roca.* Si aprendes estas lecciones podrás enseñárselas a otros. Abriré el camino delante de ti para que vayas por él, un paso a la vez.

SALMO 42.7; SALMO 95.1-2; MATEO 7.24-25

PONTE MI CAPA DE JUSTICIA con toda confianza. Yo la hice especialmente para ti, para que te cubra de pies a cabeza. El precio que pagué por ella fue astronómico: mi propia sangre. Tú nunca podrías comprar esa vestidura real, no importa cuánto te esfuerces. A veces pareciera que te olvidas que mi justicia es un regalo y te sientes mal usándola. Yo lloro cuando te veo retorcerte bajo esa tela exquisita como si hubiese sido hecha de saco.

Yo quiero que confíes en mí de tal manera que puedas darte cuenta de tu posición de privilegio en mi reino. Relájate en los exuberantes pliegues de tu magnífica túnica. Mientras camines con esta vestidura de justicia, mantén tus ojos fijos en mí. Cuando alguien en mi reino desajuste de alguna manera tu comportamiento, no trates de quitarte tu túnica real. En lugar de eso, despójate de cualquiera conducta inapropiada. Entonces estarás en capacidad de sentirte cómodo en esta vestimenta y podrás disfrutar el regalo que yo hice especialmente para ti antes de la fundación del mundo.

ISAÍAS 61.10; 2 CORINTIOS 5.21;
EFESIOS 4.22-24

REPOSA EN MI PRESENCIA santa y sanadora. Déjame transformarte en este tiempo en que
estamos a solas los dos. Al centrar tus pensamientos
más y más en mí, la confianza desplazará el miedo y
las preocupaciones. Tu mente es como un balancín.
Cuando confías en mí, vas hacia arriba; cuando el
miedo y las preocupaciones te dominan, vas hacia
abajo. El tiempo pasado conmigo no solo aumenta tu
confianza sino que también te ayuda a discernir lo que
es importante y lo que no lo es.

La energía y el tiempo son entidades preciosas
aunque limitadas por eso necesitas ser sabio al usarlas,
concentrándote en lo que es de veras importante. Si
caminas cerca de mí, saturando tu mente con las
Escrituras, te mostraré cómo usar tu tiempo y tus
energías. *Mi palabra es una luz a tus pies, y una luz en
tu sendero.*

EFESIOS 5.15-16; SALMO 119:105

VEN A MÍ. Ven a mí. Ven a mí. Esta es la invitación permanente que te hago, proclamada en susurros santos. Cuando tu corazón y tu mente estén quietos podrás oír mi invitación a que te acerques más a mí. Para hacerlo no se requiere demasiado esfuerzo por parte tuya; es más como dejar de resistirte a la atracción magnética de mi amor. Sé sensible a mi amorosa Presencia de modo que te pueda llenar con mi plenitud. Quiero que experimentes *lo ancho, largo, alto y profundo que es mi amor, ese amor, que nunca podremos entender del todo.* Este vasto océano de amor no puede ni medirse ni explicarse, solo se puede experimentar.

APOCALIPSIS 22.17; JUAN 6.37;
EFESIOS 3.16-19

VEN A MÍ cuando te sientas débil y cansado. Siéntete cómodo reposando en mis brazos. Yo entiendo tu cansancio, hijo mío. En realidad, lo que te ocurre me acerca más a ti porque tu necesidad activa mi compasión, mis ansias de ayudar. Acéptate con tus debilidades sabiendo que yo entiendo cuán difícil ha sido tu caminar.

No te compares con otros, que dan la impresión de que les va bien en todo. Su experiencia ha sido diferente a la tuya y yo los he dotado con energía en abundancia; en cambio a ti, te he dado una fragilidad que haga que tu espíritu florezca en mi Presencia. Acepta este regalo como un tesoro sagrado: delicado pero irradiando una luz brillante. En lugar de esforzarte por encubrir o negar tus flaquezas, déjame bendecirte ricamente a través de ellas.

ISAÍAS 42.3; ISAÍAS 54.10; ROMANOS 8.26

APRENDE A DISFRUTAR MÁS LA VIDA.
Relájate, recordando que yo soy *Dios contigo*. Yo te
hice con una gran capacidad para conocerme y disfrutar mi Presencia. Me apena cuando mi pueblo va
por la vida con rostros agrios y resignada rigidez. En
cambio, me alegra cuando lo hacen mostrando una
alegría inocente, saboreando cada bendición y proclamando su confianza en mí que soy su pastor siempre
presente en su vida. Mientras más consciente estás de
mi Presencia contigo, más plenamente podrás disfrutar la vida. Glorifícame gozando de mi compañía. De
esta manera estarás proclamando mi Presencia al
mundo que te observa.

MATEO 1.23; JUAN 10.10-11

YO SOY TUYO POR TODA LA ETERNIDAD.
Yo soy la A y la Z, el que es, que era y que ha de venir. El mundo en que vives es un lugar de constantes cambios, más de lo que tu mente puede absorber sin sufrir una conmoción. Aun el cuerpo en el que habitas está cambiando siempre a pesar de los esfuerzos de la ciencia moderna por prolongar indefinidamente la juventud y la vida. Yo, sin embargo, *soy el mismo ayer, hoy y por los siglos.*

Debido a que no cambio, tu relación conmigo provee un fundamento firme para tu vida. Nunca me alejaré de tu lado. Cuando pases de esta vida a la siguiente, mi Presencia al lado tuyo brillará esplendorosa con cada paso que des. No tienes nada que temer, porque yo estoy contigo todo el tiempo presente y por la eternidad.

APOCALIPSIS 1.8; HEBREOS 13.8;
SALMO 102.25-27; SALMO 48.14

YO SOY EL DIOS DE TODOS LOS TIEMPOS y todo lo que existe. Búscame no solo en la quietud de la madrugada sino a lo largo de todo el día. No dejes que los problemas inesperados te distraigan de mi Presencia. Más bien, cuéntame todo lo que te ocurre y observa con atención lo que yo haga al respecto.

La adversidad no tiene por qué interrumpir tu comunión conmigo. Cuando las cosas van saliendo mal quizás tiendas a reaccionar como si se te estuviera castigando. En lugar de esa reacción negativa, trata de ver las dificultades como bendiciones encubiertas. *Confía en mí siempre, ábreme tu corazón pues yo soy tu refugio.*

SALMO 55.17; SALMO 32.6; SALMO 62.8

REÚNETE CONMIGO en el esplendor de la madrugada. Yo espero con ansias tu llegada. En la tranquilidad de este tiempo santo conmigo, *renuevo tus fuerzas* y te saturo con paz. Mientras otros se vuelven para seguir durmiendo o se pegan a los noticieros para saber las últimas noticias, tú te comunicas con el Creador del universo. Yo he despertado en tu corazón un fuerte deseo de conocerme. Esta ansiedad se origina en mí aunque ahora arde en ti.

Cuando buscas mi rostro en respuesta a mi llamado amoroso, la bendición nos alcanza tanto a ti como a mí. Este es un misterio profundo, diseñado más para que lo disfrutes que para que lo entiendas. Yo no soy un Dios severo que se opone a las alegrías de sus hijos; más bien me deleito cuando veo que te gozas *en todo lo que es verdadero, todo lo que es respetable, todo lo justo, todo lo puro, todo lo amable, todo lo que es digno de admiración y que piensas en todo lo que se reconoce como virtud o que merece elogio*, mi luz en ti brillará día tras día.

ISAÍAS 40.31; SALMO 27.4; FILIPENSES 4.8

ENCUÉNTRAME EN MEDIO del torbellino. A veces las circunstancias se mueven alrededor de la gente como remolinos y lo hacen tan velozmente que llegan a marear. Cuando esto te ocurra a ti, pronuncia mi nombre reconociendo que yo sigo estando contigo. Sin dejar de ocuparte en lo que estás haciendo, encontrarás fuerza y paz al orar a mí. Después, cuando las cosas hayan seguido su curso, podrás hablar conmigo más intensamente.

Acepta cada día tal como viene. No malgastes tu tiempo y energía deseando que las cosas sean distintas. En lugar de eso confía lo suficiente en mí para darle entrada a tu vida a mis designios y propósitos. Recuerda que nada puede separarte de mi amorosa Presencia. *Eres mío*.

FILIPENSES 2.9-11; ISAÍAS 43.1

ESPERA ENCONTRAR ADVERSIDAD en tu vida pues, como sabes, vives en un mundo condenado al fracaso. Deja de tratar de encontrar una manera de evitar las dificultades. El problema principal con una vida cómoda es que encubre tu necesidad de mí. Cuando me aceptaste como tu Salvador yo infundí mi vida en ti, capacitándote para que pudieras vivir en un plano sobrenatural dependiendo de mí.

Espera enfrentar las imposibilidades: situaciones totalmente más allá de tu habilidad para manejar. Esta realidad de tu insuficiencia no es algo que deberías tratar de evadir. Es precisamente donde quiero verte, el mejor lugar para que te encuentres conmigo *con mi gloria y poder*. Cuando visualices ejércitos de problemas marchando hacia donde tú estás, ¡clama a mí! Permíteme pelear por ti. Observa cómo lucho por ti mientras tú esperas a la sombra de mi Presencia omnipotente. *El que vive al abrigo del Altísimo, descansará bajo la sombra del Todopoderoso.*

APOCALIPSIS 19.1; SALMO 91.1

YO TE ESTOY LLAMANDO continuamente para que te acerques a mí. Conozco lo profundo y amplio de tu necesidad de mí. Puedo leer la vacuidad de tus pensamientos cuando deambulan lejos de mí. Ofrezco descanso para tu alma, tanto como reconfortar tu mente y tu cuerpo. A medida que tu llenura de mí aumenta, otros placeres pierden su importancia. Conocerme íntimamente es como tener un manantial privado de gozo dentro de ti. Este manantial fluye libremente desde mi trono de gracia de modo que tu gozo es independiente de las circunstancias que pudieren rodearte.

Esperar en mi Presencia te mantendrá conectado a mí, al tanto de todo lo que te ofrezco. Si sientes alguna deficiencia necesitas reenfocar tu atención en mí. Esta es la manera de confiar en mí en todos los momentos de tu vida.

SALMO 131.2; SALMO 21.6; SALMO 37.7

YO SOY UN DIOS QUE SANA. Sano cuerpos quebrantados, mentes quebrantadas, corazones quebrantados, vidas quebrantadas y relaciones quebrantadas. Mi sola Presencia tiene un inmenso poder sanador. Tú no puedes vivir cerca de mí sin experimentar algún grado de sanidad. Sin embargo, es también verdad que *no tienes porque no pides.* Recibes la sanidad que fluye naturalmente de mi Presencia sea que la busques o no. Pero hay más, mucho más para todos los que piden.

El primer paso para recibir sanidad es vivir siempre cerca de mí. Los beneficios de esta práctica son demasiado numerosos como para enumerarlos. Mientras más y más vives íntimamente conmigo, te revelo mi voluntad en una forma más directa. Cuando es el momento, te incito a que pidas sanidad de algún quebranto tuyo o de alguna otra persona. La sanidad puede ser instantánea o puede ser un proceso. Eso es algo que me corresponde a mí. Tu parte es confiar y darme gracias por la restauración que ha comenzado en tu vida.

Raramente sano todos los males de una vez en la vida de una persona. Aun a mi siervo Pablo le tuve que decir cuando buscaba alivio de un *aguijón en su carne*: «Debe bastarte mi amor». No obstante, hay mucha sanidad para quienes cuyas vidas están íntimamente entretejidas con la mía. *Pidan y se les concederá lo que pidan.*

SALMO 103.3; SANTIAGO 4.2;
2 CORINTIOS 12.7-9; MATEO 7.7

ESPERA UN MOMENTO. Tengo mucho que decirte. Vas caminando solo por el camino que yo he trazado para ti. A la vez que es un privilegio, es un peligro: experimenta mi gloriosa Presencia y proclama esa realidad a otros. Es posible que a veces te sientas presuntuoso por ser quien comunica este mensaje.

No pienses en lo que las demás personas podrían pensar de ti. La obra que realizo en ti al principio puede parecer oculta pero finalmente florecerá produciendo abundantes frutos. Mantente en el camino de vida conmigo. Confía en mí de todo corazón dejando que mi Espíritu te llene de gozo y paz.

1 REYES 8.23; GÁLATAS 5.22-23

CONFÍA EN MÍ y no temas. Yo quiero que veas las pruebas como un ejercicio diseñado para que desarrolles la musculatura de tu confianza. Vives en medio de tremendas batallas espirituales y el miedo es una de las armas favoritas de Satanás. Cuando comiences a sentir miedo, proclama tu confianza en mí. Si las circunstancias lo permiten, grítalo. *Ponle resistencia al diablo y él huirá de ti.* Reconfórtate en mi santa Presencia. Háblame y cántame alabanzas y mi rostro brillará sobre ti.

Recuerda que *a los que están unidos a mí no les espera ninguna condenación.* Tú ya fuiste juzgado y declarado no culpable por toda la eternidad. *Confía y no temas porque yo soy tu fuerza y tu canción y tu salvación.*

Santiago 4 7; Romanos 8.1-2; Isaías 12.2

ENCOMIENDA A TUS SERES QUERIDOS
A MÍ; déjalos bajo mi protección y cuidado. Ellos
estarán mucho más seguros conmigo que en tus
manos inexpertas. Si transformas a uno de tus seres
queridos en un ídolo pones en peligro a esa persona
así como a ti mismo. Recuerda la medida extrema que
usé con Abraham e Isaac. Tomé a Isaac del filo mismo
de la muerte para impedir que Abraham adorara a su
hijo. Tanto Abraham como Isaac sufrieron terrible-
mente por las emociones indisciplinadas del padre. Yo
detesto la idolatría aun en la forma de amor paternal.

Cuando pones a tus seres queridos en mis manos,
quedas libre para aferrarte tú también a ellas. Si confías a otros a mi cuidado, estaré libre para derramar
bendiciones sobre ellos. *Yo iré contigo y te daré descanso.* Esta misma Presencia permanece contigo en la
medida que te relajas y pones tu confianza en mí.
Observa lo que haré.

GÉNESIS 22.9-12; EFESIOS 3.20; ÉXODO 33.14

YO ESTOY POR TODOS LADOS ALRE-
DEDOR TUYO, rondando incluso cuando buscas
mi rostro. Estoy más cerca de lo que te imaginas, más
cercano que el aire que respiras. Si mis hijos solo
pudieran reconocer mi Presencia, nunca volverían a
sentirse solos. *Yo conozco cada uno de tus pensamientos. Sé lo que vas a decir antes que lo digas.* Mi Presencia
afecta tu ser íntimo. ¿Puedes ver lo absurdo que es tratar de ocultar algo de mí? Podrás engañar a otros con
alguna facilidad e incluso a ti mismo, pero yo te leo
como si se tratara de un libro de grandes letras,
abierto.

Muy dentro de ellos, mucha gente tiene cierta
idea de mi inminente Presencia; algunos huyen de mí
tratando de negar mi existencia porque mi cercanía
los atemoriza. Pero mis hijos no tienen nada que
temer porque yo los he limpiado con mi sangre y los
he vestido con mi justicia. Siente la bendición de mi
cercanía. Como vivo en ti, déjame también vivir a través de ti, proyectando mi luz en las tinieblas.

SALMO 139.1-4; EFESIOS 2.13;
2 CORINTIOS 5.21

YO SOY EL ETERNO *YO SOY*. Siempre lo he sido y siempre lo seré. En mi Presencia podrás experimentar amor y luz, paz y gozo. Yo estoy íntimamente involucrado en todos tus momentos y te estoy preparando para estar consciente de mi Presencia todo el tiempo. Tu tarea es colaborar conmigo en este proceso de entrenamiento.

Yo he hecho mi residencia dentro de ti. Soy central en lo más íntimo de tu ser. De cuando en cuando tu mente tiende a salirse de su centro santo. Que tu incapacidad para mantenerte enfocado en mí no te alarme. Simplemente tráeme tus pensamientos cada vez que tienden a vagar. La forma más rápida de redirigir tu mente a mí es pronunciando mi nombre.

ÉXODO 3.14; 1 CORINTIOS 3.16;
SALMO 25.14-15

CONFÍA EN MÍ en medio de un día complicado. Tu tranquilidad interior —tu paz en mi Presencia— no tiene por qué ser afectada por las cosas que ocurren a tu alrededor. Aunque vivas en este mundo temporal, tu ser íntimo tiene sus raíces en la eternidad. Cuando empieces a sentirte tenso, desplázate de las perturbaciones que te rodean. En lugar de desesperarte tratando de mantener orden y control en tu pequeño mundo, relájate y recuerda que las circunstancias no pueden tocar mi paz.

Busca mi rostro y compartiré mi mente contigo, abriendo tus ojos para que veas las cosas desde mi perspectiva. *No te angusties ni tengas miedo.* La paz que yo te doy es suficiente para ti.

JUAN 16.33; SALMO 105.4; JUAN 14.27

PASA TIEMPO CONMIGO por el puro placer de estar en mi compañía. Puedo darles brillo a los días más grises. Puedo agregar resplandor a las rutinas de la vida diaria. Tú tienes que repetir tantas tareas día tras día. Esta monotonía puede afectar tu creatividad hasta el punto de dejarla en posición neutra. Una mente que está desenfocada es vulnerable «al mundo, la carne y el diablo» todo lo cual ejerce una presión desmoralizante sobre tus pensamientos. Y en la medida que tu proceso de pensar se deteriore, te sentirás más y más confundido y desorientado. El mejor remedio para este mal es reenfocar tu mente y corazón en mí, tu compañía constante.

Aun los días de mayor confusión se abrirán ante ti mientras avanzas conmigo paso a paso. Mi Presencia va contigo dondequiera que vayas, proveyéndote *luz para tu camino*.

SALMO 63.7-8; SALMO 119.105.

CRECE FUERTE en la luz de mi Presencia. Al brillar mi rostro sobre ti, recibes nutrientes que incrementan tu crecimiento en gracia. Yo te diseñé para que te comunicaras conmigo cara a cara, y esta interacción fortalece tu alma. Tal comunión provee un pequeño atisbo de lo que vas a encontrar en el cielo, donde todas las barreras entre tú y mi gloria serán quitadas. Este tiempo de meditación conmigo te bendice doblemente: Experimentas mi Presencia aquí y ahora y eres reconfortado con la esperanza del cielo, donde me conocerás en un éxtasis gozoso.

SALMO 4.6-8; APOCALIPSIS 21.23

DEMUESTRA TU CONFIANZA EN MÍ
sentándote en silencio en mi Presencia. Pon a un lado
todo lo que tienes pendiente de hacer y rehusa preocuparte por lo que sea. Este tiempo sagrado juntos te
fortalecerá y te preparará para poder enfrentar lo que
sea que te traiga el día. Al esperar conmigo antes de
empezar tus quehaceres cotidianos estarás proclamando la realidad de mi Presencia viviente. Este acto
de fe —esperar antes de trabajar— se advierte en el
mundo espiritual donde tu demostración de confianza debilita los *poderes, las autoridades y los gober-
nantes de este mundo en tinieblas.*

La manera más efectiva para resistir el mal es permanecer cerca de mí. Cuando necesites entrar en
acción, yo te guiaré claramente a través de mi Espíritu
y de mi Palabra. El mundo es tan complejo y sobre
estimulante que fácilmente puedes perder tu sentido
de orientación. Llevar a cabo incontables actividades
innecesarias drenará tus energías. Cuando pasas
tiempo conmigo, yo restauro tu sentido de orientación. Al mirarme a mí buscando que te guíe yo te
capacitaré para hacer menos pero lograr mucho más.

LUCAS 12.22-26; EFESIOS 6.12;
PROVERBIOS 16.3

NO HAY UN LUGAR tan desolado donde no me puedas encontrar. Cuando Agar huyó de su señora, Sara, al desierto, pensó que estaba completamente sola y abandonada. Pero en ese lugar tan desolado me encontró, dirigiéndose a mí como *el Dios que me ve*. A través de ese encuentro con mi Presencia ella recibió fuerzas para volverse a donde su ama.

Ningún conjunto de circunstancias podría jamás aislarte de mi amorosa Presencia. No solo te estoy viendo siempre sino que te veo como un santo redimido, gloriosamente radiante en mi justicia. Por eso es que siempre *cuidará de ti, se regocijará en ti con gran alegría, te amará y no te acusará.*

GÉNESIS 16.7-14; SALMO 139.7-10;
SOFONÍAS 3.17

CRECE FUERTE EN TU DEBILIDAD. A algunos de mis hijos les he dado fuerzas y vigor en abundancia. Otros, como tú, han recibido el humilde don de la fragilidad. Esto no es un castigo ni indica una falta de fe; por el contrario, las personas frágiles como tú deben aprender a vivir por fe, dependiendo de mí para recorrer el día con éxito. Yo me encuentro desarrollando tu capacidad de confiar en mí y de descansar en mí en lugar de en tu propia inteligencia. Tu preferencia natural es planear tu día y saber qué es lo que viene y cuándo. Mi preferencia es que dependas de mí en forma continua, confiando en mí para que te guíe y te dé las fuerzas que necesitas. De esta manera desarrollarás fuerzas en tu debilidad.

SANTIAGO 4.13-15; PROVERBIOS 3.5;
ISAÍAS 40.28-31

Septiembre

Yo soy la luz del mundo.
El que me sigue no andará
en oscuridad, porque
tendrá la luz de la vida.

JUAN 8.12

BÚSCAME con todo tu ser. Deseo que me encuentres para orquestar los acontecimientos de tu vida con este propósito en mente. Cuando las cosas van bien y estás recibiendo bendiciones puedes sentirme sonriéndote. Cuando a lo largo del camino te encuentras con escollos que te perturban el paso, confía que mi luz sigue brillando para ti. Las razones que tengo para permitir que estas adversidades irrumpan en tu vida podrían estar cubiertas de misterio pero mi Presencia continua contigo es una promesa absoluta. Búscame en los buenos tiempos; búscame en los tiempos malos. Siempre me encontrarás con mis ojos puestos sobre ti.

DEUTERONOMIO 4.29; HEBREOS 10.23;
SALMO 145.20

VIVIR DEPENDIENDO DE MÍ es una aventura gloriosa. Mucha gente se escabulle afanosamente tratando de conseguir cosas mediante sus propias fuerzas y habilidades. A algunos les va bastante bien; otros fracasan miserablemente. Ambos grupos ignoran lo que la vida está llamada a ser: vivir y trabajar en colaboración conmigo.

Cuando tú dependes continuamente de mí, todas tus perspectivas cambian. Ves milagros ocurriendo alrededor tuyo mientras otros ven solo sucesos naturales o «casualidades». Comienzas el día con alegre expectación tratando de ver lo que yo estoy haciendo. Aceptas tus debilidades como un regalo de mi parte sabiendo que mi poder *se manifiesta más cuando la gente es débil.* Mantienes tus planes por si acaso, aun sabiendo que los míos son infinitamente superiores a los tuyos. *En él vivimos, nos movemos y existimos.* Mis deseos son vivir en ti. Yo en ti y tú en mí. Esta es la aventura de intimidad que te ofrezco.

2 CORINTIOS 12.9-10; HECHOS 17.28;
COLOSENSES 2.6-7; JUAN 14.20

DEJA QUE EL ROCÍO DE MI PRESENCIA refresque tu mente y tu corazón. Muchas cosas compiten por captar tu atención en este mundo complejo de comunicación instantánea. El mundo ha cambiado enormemente desde la primera vez que di el mandamiento: *¡Silencio! ¡Sepan que yo soy Dios!* Sin embargo, esta verdad eterna es esencial para el bienestar de tu alma. Así como el rocío refresca el césped y las flores durante la tranquilidad de la noche, así mi Presencia te revitaliza cuando te sientas en silencio conmigo.

Una mente fresca y revitalizada es capaz de clasificar lo que es importante y lo que no lo es. En su condición natural, tu mente fácilmente puede distraerse en asuntos sin valor. Como las llantas de un automóvil empantanado en el barro giran infructuosamente, los dientes de tu cerebro giran impotentes cuando te concentras en cosas triviales. Tan pronto como empiezas a comunicarte conmigo, tus pensamientos engranan y te puedes mover a cosas más importantes. Comunícate conmigo en forma continua y yo pondré mis pensamientos en tu mente.

SALMO 46.10; LUCAS 10.39-42;
1 CORINTIOS 14.33

CERCA DE MÍ tú estás seguro. En la intimidad de mi Presencia recibes nuevas fuerzas. Sin importar dónde estés en el mundo sabes a quién perteneces cuando sientes mi cercanía. Aun desde la Caída, el hombre ha experimentado un gran vacío que solo mi Presencia puede llenar. Yo te diseñé para que tuvieras una estrecha comunicación con tu Creador. ¡Cómo disfruté las caminatas que hacíamos en el huerto con Adán y Eva antes que el maligno los engañara!

Cuando compartes conmigo en el huerto de tu corazón ambos somos bendecidos. Esta es mi manera de vivir en el mundo, a través de ti. Juntos, desplazamos las tinieblas porque *yo soy la luz del mundo.*

SALMO 32.7; GÉNESIS 3.8-9; JUAN 8.12

YO SOY TU MEJOR AMIGO, tanto como tu Rey. Camina mano a mano conmigo a través de tu vida. Juntos enfrentaremos lo que sea que traiga el día: placeres, pruebas, aventuras, disgustos. Nada se desperdicia cuando se comparte conmigo. *Les daré belleza en vez de cenizas* de los sueños perdidos. Yo puedo extraer gozo de la tristeza, paz de la adversidad. Solo un amigo que es también Rey de reyes puede llevar a cabo esta alquimia divina. ¡No hay otro como yo!

La amistad que te ofrezco es práctica y sensata y está saturada con gloria celestial. Vivir en mi Presencia significa vivir en dos reinos simultáneamente: el mundo visible y la realidad invisible y eterna. Yo te he preparado para que estés consciente de mí mientras vas por los caminos polvorientos de la tierra.

JUAN 15.13-15; ISAÍAS 61.3; 2 CORINTIOS 6.10

HAZ TODO dependiendo de mí. El deseo de actuar independientemente, aparte de mí, brota de raíces de orgullo. La autosuficiencia es sutil, insinuándose en tus pensamientos y acción sin que te des cuenta. Pero *separado de mí no puedes hacer nada*; es decir, nada de valor eterno. Mi más profundo deseo es que aprendas a depender de mí en cada situación. Yo moveré cielo y tierra para que puedas alcanzar esta meta pero tú tienes que colaborar conmigo en este esfuerzo. Enseñarte sería sencillo si yo bloqueara tu libre voluntad o te concediera mi poder. Sin embargo, te amo demasiado para quitarte el privilegio divino que te otorgué cuando te hice a mi imagen y semejanza. Usa tu libertad sabiamente, confiando en mí siempre. Así disfrutarás de mi Presencia y mi paz.

JUAN 15.5; EFESIOS 6,10; GÉNESIS 1.26-27

DISFRUTA LA CALIDEZ DE MI PRESENCIA
reposando sobre ti. Siente un hormigueo en tu rostro
mientras disfrutas de mi amor-luz. Esto me produce
un gozo mayor que el que puedes imaginarte. Yo te
apruebo continuamente porque te veo envuelto en mi
luz, *vestido con mi justicia. Así que los que están unidos
a mí ya no les espera ninguna condenación.* Por esto es
que aborrezco el uso de la culpa como una forma de
motivación entre los cristianos.

Algunos pastores tratan de azotar a sus congrega-
ciones mediante sermones que inducen al sentimiento de culpa. Este procedimiento puede llevar a
mucha gente a trabajar duro pero el fin no justifica los
medios. Los mensajes que hacen al oyente sentirse
culpable por algo pueden socavar el fundamento
mismo de la gracia en el corazón de un creyente.
Seguramente un pastor se siente feliz cuando su gente
está haciendo más cosas pero yo miro a sus corazones.
Y sufro cuando veo cómo se erosiona la gracia con
maleza que sigilosamente incita al trabajo compulsivo. Quiero que descanses en la seguridad de mi amor
perfecto. *El poder vivificador del Espíritu te libera del
poder del pecado y de la muerte.*

ISAÍAS 61.10; ROMANOS 8.1-2

ACEPTA CADA DÍA exactamente como viene. Y no me refiero únicamente a las circunstancias del día sino también a la condición de tu cuerpo. Tu responsabilidad es confiar absolutamente en mí, reposando en mi soberanía y fidelidad.

Es probable que de vez en cuando sientas tus circunstancias y tu condición física desequilibradas. Las demandas a las que tienes que responder parecen ser más grandes que tus fuerzas. Cuando esto ocurre, se te presentan dos alternativas: rendirte o descansar en mí. Aunque erróneamente optaras por la primera alternativa yo no te rechazaría. Porque puedes volver a mí en cualquier momento; en tal caso, yo te ayudaré a salir del fango del desaliento. Te infundiré mi fuerza momento a momento, dándote todo lo que necesitas para este día. Confía en mí, descansando en mi Presencia que te fortalece.

SALMO 42.5; 2 CORINTIOS 13.4;
JEREMÍAS 31.25

ANDA CONMIGO por la senda de la confianza. La ruta más directa entre el punto A y el punto B es confiar en mí. Cuando tu fe flaquea tiendes a ir por un sendero serpenteante y que te puede llevar muy lejos de tu destino. Sin duda que llegarás finalmente al punto B pero no sin antes haber perdido un tiempo precioso y mucha de tu energía. Tan pronto como te des cuenta que te has salido de tu camino de confianza, busca mi rostro y dime: «Confío en ti, Jesús». Esta afirmación te ayudará a volver al camino correcto.

Mientras más te aventures en caminos de incredulidad más te va a costar recordar que yo estoy contigo. Los pensamientos de ansiedad se proyectarán en todas direcciones, alejándote más y más de la certidumbre de mi Presencia. Necesitas estar pronunciando siempre tu confianza en mí. Este simple acto de fe te mantendrá caminando con paso recto junto conmigo. *Confía en mí con todo tu corazón y yo dirigiré tus caminos.*

ISAÍAS 26.4; SALMO 9.10; SALMO 25.4-5; PROVERBIOS 3.5-6

YO SIEMPRE ESTOY A TU ALCANCE.
Una vez que has confiado en mí como tu Salvador,
nunca me distanciaré de ti. Es posible que a veces me
sientas distante. Reconoce eso como un sentimiento y
no lo confundas con algo real. La Biblia está llena de
mis promesas para estar contigo siempre. Como se lo
aseguré a Jacob cuando se había ido de su casa y
andaba por caminos desconocidos: *Estaré contigo y te*
protegeré dondequiera que vayas. Mi última promesa a
mis seguidores fue: *Estaré con ustedes siempre, hasta el*
fin del mundo. Deja que esta seguridad de mi
Presencia continua te llene con gozo y paz. No
importa lo que pudieras haber perdido en esta vida,
nunca perderás tu relación conmigo.

ISAÍAS 54.10; GÉNESIS 28.15; MATEO 28.20

¡REGOCÍJATE EN MÍ SIEMPRE! No importa lo que pase, puedes regocijarte en tu relación de amor conmigo. *Aprende a vivir en cualquiera circunstancia.* Demasiadas personas sueñan con el día cuando finalmente serán felices, cuando estén libres de deudas, cuando sus hijos estén exentos de problemas, cuando tengan más tiempo para la ociosidad y así por el estilo. Mientras sueñan despiertos, las oportunidades se derraman por el suelo como bálsamo costoso que se escurre de botellas volcadas.

Las fantasías acerca de felicidades futuras nunca llegarán a ser una realidad porque son irreales. Aun cuando yo soy invisible, soy mucho más real que el mundo que ves a tu alrededor. Mi realidad es eterna y no cambia. Trae tus oportunidades a mí y yo las llenaré con gozo vibrante. *¡Hoy* es el tiempo de regocijarte en mi Presencia!

FILIPENSES 4.4, 12; SALMO 102.27

RECIBE MI PAZ. Es mi regalo permanente para ti. La mejor forma de recibir este don es permanecer en silencio en mi Presencia, confiándome cada una de las áreas de tu vida. *La quietud y la confianza* llegan más lejos de lo que te puedes imaginar. No solo en relación contigo, sino en relación con la tierra y el cielo. Cuando decides confiar en mí en alguna área dada, estás dejando ese problema o a esa persona a mi cuidado.

Pasar tiempo a solas conmigo puede implicar una disciplina dura porque va contra la adicción a la actividad de esta era. Puedes aparecer como que no estás haciendo nada pero en realidad estás participando en batallas que se libran dentro del reino espiritual. Y peleando *no con armas humanas* sino con armas espirituales que tienen poder para *destruir las fortalezas del mal*. Vivir cerca de mí es una defensa segura contra el mal.

JUAN 14.27; ISAÍAS 30.15; 2 CORINTIOS 10.4

VEN A MÍ Y DESCANSA. Dale a tu mente un reposo de su habitual afán de estar juzgando. Emites juicio sobre esta situación, sobre aquella, sobre tal o cual persona, sobre la de más allá, sobre ti mismo, sobre el estado del tiempo como si juzgar fuera la función más importante de la vida. Pero yo te creé primero y sobre todo para que me *conocieras* y para que vivieras en rica comunicación conmigo. Cuando el juzgar llega a ser una preocupación en tu vida estás usurpando una de mis funciones.

Relaciónate conmigo como la criatura con su Creador, como la oveja con el Pastor, como el súbdito con el Rey, como el barro con el Alfarero. Déjame llevar a cabo mi plan en tu vida. En lugar de evaluar mi manera de hacerlo, acéptalo con acción de gracias. La intimidad que te ofrezco no es una invitación a actuar como si fueras mi igual. Adórame como *Rey de reyes* mientras vamos por el camino de la vida agarrados de la mano.

MATEO 7.1; JUAN 17.3; ROMANOS 9.20-21; 1 TIMOTEO 6.15

ADÓRAME al vivir cerca de mí. Este fue mi diseño original para el hombre en quien *soplé el aliento de vida*. Este es mi deseo para ti: que permanezcas cerca de mí mientras vas por la vida. Cada día es una parte importante de esta travesía. Aunque a veces pudiera parecerte que en este mundo no vas a ninguna parte, tu viaje espiritual es enteramente otro asunto llevándote por caminos de aventura escarpados y traicioneros. Por eso es que es esencial *caminar en la luz de mi Presencia* para no tropezar. Permaneciendo cerca de mí, te presentas como un *sacrificio vivo*.

Aun la parte más rutinaria de tu día puede ser un *acto espiritual de adoración, agradable y perfecto*.

GÉNESIS 2.7; SALMO 89.15; ROMANOS 12.1-2

DESCANSA EN MÍ, HIJO MÍO. Este tiempo dedicado a mí se supone que produce paz y no tensión. Tú no tienes que hacer algo para recibir mi amor. Tengo por ti un amor ilimitado e incondicional. Cuánta pena me causa ver a mis hijos tratando de ganarse el amor, esforzándose más y más pero siempre sintiendo que no hacen lo suficiente para ganárselo.

Ten cuidado que tu devoción hacia mí no se transforme en otra forma de esfuerzo. Quiero que vengas a mi Presencia con gozo y con la más absoluta confianza. No tienes nada que temer porque estás revestido de mi propia justicia. Mírame a los ojos y no verás condenación, solo amor y deleite en aquel a quien estoy viendo. Recibe mi bendición *al ver mi rostro resplandeciendo sobre ti y dándote su paz.*

JUAN 15.13; SOFONÍAS 3.17; NÚMEROS 6.25-26

YO TE DISEÑÉ para que vivas en unión conmigo. Esta unión no niega lo que tú eres sino que, por el contrario, hace que seas más tú mismo. Cuando tratas de vivir independientemente de mí, te sientes vacío e insatisfecho. Podrías *ganarte el mundo entero* y aun así perder todo lo que realmente cuenta.

Encuentra satisfacción al vivir cerca de mí, rindiéndote a los propósitos que tengo para ti. Aunque es posible que te guíe por caminos que te parezcan extraños, confía que yo sé lo que estoy haciendo. Si me sigues con todo entusiasmo descubrirás facetas en ti que estaban hasta entonces escondidas. Yo te conozco en toda tu intimidad, mucho mejor de lo que te conoces tú mismo. Conmigo tú estás completo. Cerca de mí, serás transformado más y más en aquel que yo diseñé que fueras.

MARCOS 8.36; SALMO 139.13-16;
2 CORINTIOS 3.17-18

JAMÁS ENCONTRARÁS MI PAZ si te involucras en excesiva planificación intentando controlar lo que te ocurrirá en el futuro. Esta es una costumbre practicada a menudo por los incrédulos. Cuando tu mente gira impulsada por múltiples planes pudiera parecerte que has alcanzado la paz; sin embargo, esta siempre te elude. Precisamente cuando crees que estás preparado para cualquiera eventualidad algo inesperado ocurre y transforma todo en confusión.

Yo no diseñé la mente humana para adivinar el futuro. Esto está más allá de su capacidad. Yo hice tu mente para que mantuviera una comunicación continua conmigo. Tráeme todas tus necesidades, tus esperanzas y tus miedos. Deja cada cosa a mi cuidado. Vuélvete del sendero de la planificación al camino de la paz.

1 PEDRO 5.6-7; PROVERBIOS 16.9; SALMO 37.5

TRATA DE COMPLACERME por sobre todas las demás cosas. Deja que tu meta sea tu punto focal mientras transcurre el día. Tal propósito te protegerá de lanzar tus energías al viento. La libre voluntad con que yo te doté viene con grandes responsabilidades. Cada día demanda de ti decisiones, muchas de las cuales terminas pasándolas por alto. Sin un punto focal que te guíe, es muy fácil que pierdas el rumbo. Por eso es que es tan importante que mantengas la comunicación conmigo, viviendo agradecido y consciente de mi Presencia.

Tú vives en un mundo caído y dislocado donde las cosas están con tanta frecuencia deshilachándose por los bordes. Solo una relación vibrante conmigo puede impedir que te deshilaches tú también.

MATEO 6.33; JUAN 8.29; COLOSENSES 3.23-24

HAY UNA TREMENDA BATALLA desarro-
llándose para alcanzar el control de tu mente. Cielo y tierra interactúan en tu mente. La presión de ambas esferas
influye tu forma de pensar. Yo te creé con la capacidad
de saborear el cielo anticipadamente. Cuando te desligas
del mundo y concentras tu atención en mi Presencia
puedes disfrutar como si estuvieras *sentado conmigo en
los cielos*. Este es un privilegio increíble reservado para
personas preciosas que me pertenecen y que buscan mi
rostro. Tu fuerza más grande es tu deseo de pasar tiempo
en comunicación conmigo. *Los que ocupan su mente en
las cosas del Espíritu tienen vida y paz.*

El mundo ejerce una fuerza descendente en tus
pensamientos. Los medios de comunicación te bombar-
dean con codicia, lujuria y cinismo. Cuando te enfrentes
a estas cosas, ora pidiendo protección y discernimiento.
Mantente en continua comunicación conmigo dondequiera que te encuentres caminando por estos eriales
mundanos. Rehúsa angustiarte porque esto es una forma de mundanalidad que te echará aun más abajo y blo-
queará la seguridad de mi Presencia. Permanece alerta,
reconociendo la batalla que se está librando en tu mente.
Alza tus ojos y espera con ansia la vida en la eternidad
libre de antagonismos, reservada para ti en el cielo.

EFESIOS 2.6; ROMANOS 8.6; 1 JUAN 2.15-17

TRATA DE VER LAS COSAS más y más desde mi perspectiva. Deja que la luz de mi Presencia llene tu mente de tal manera que puedas ver el mundo a través de mis ojos. Cuando algunas pequeñas cosas no están saliendo como tú esperabas, mírame tranquilo y di: «¡Está bien!» Esta disciplina sencilla puede protegerte de ser cargado con un cúmulo de asuntos sin importancia y frustraciones. Si haces de esta disciplina una práctica habrás hecho un descubrimiento que podría cambiarte la vida: Te habrás dado cuenta que la mayoría de las cosas que te preocupan no son importantes. Si de inmediato las descartas y vuelves a poner tu atención en mí, podrás avanzar en este día con paso ligero y un corazón gozoso. Cuando se presenten problemas serios tendrás más reservas para enfrentarlos. No tendrás que despilfarrar tu energía en cosas de poco valor. Incluso podrás alcanzar el punto donde podrás estar de acuerdo con el apóstol Pablo quien dijo que tus sufrimientos *pequeños y pasajeros* no se pueden comparar con la *gloria eterna más grande y abundante que producen.*

PROVERBIOS 20.24; 2 CORINTIOS 4.17-18

ESPERA TRANQUILO EN MI PRESENCIA
mientras mis pensamientos se forman silenciosa-
mente en las profundidades de tu ser. No trates de acelerar este proceso porque la premura mantiene tu
corazón atado a la tierra. Yo soy el Creador del universo entero pero decidí hacer mi humilde morada en
tu corazón. Es allí donde te hablo en santos susurros.
Pídele a mi Espíritu que tranquilice tu mente de
modo que puedas oír *mi susurro suave y apacible* dentro de ti. Continuamente te estoy diciendo palabras de
vida… paz… amor. Sintoniza tu corazón para recibir
estos mensajes de abundante bendición. *Preséntame
tus súplicas y atento espera mi presencia.*

1 REYES 19.12; SALMO 5.3

CONFÍA EN MÍ Y REHÚSA PREOCUPARTE porque *Yo soy tu fortaleza, tu cántico y tu salvación.* ¿Te sientes inseguro esta mañana, temiendo que te esperen tiempos difíciles y midiéndolos con el metro de tus propias fuerzas? Tales cosas no son tareas del día de hoy y a lo mejor ni siquiera de mañana. De modo que lo mejor que puedes hacer es dejarlos en el futuro y concentrarte en el presente donde me encontrarás esperándote. Toda vez que *yo soy tu fortaleza* puedo capacitarte para manejar cada situación cuando se presente. *Y como soy tu cántico*, te puedo dar el gozo que necesitas mientras trabajas junto conmigo.

Insiste en mantener controlada tu mente al tiempo presente. Entre todas mis criaturas solo los humanos pueden anticipar acontecimientos futuros. Esta habilidad es una bendición pero puede transformarse en una maldición si se usa mal. Si usas tu magnífica mente para preocuparte por el mañana estarás cubriéndote con oscuridades de incredulidad. Sin embargo, cuando la esperanza del cielo llena tus pensamientos, la luz de mi Presencia te envolverá. Aunque el cielo pertenece al futuro es también tiempo presente. Mientras caminas en la luz conmigo, tienes un pie en la tierra y el otro en el cielo.

ÉXODO 15.2; 2 CORINTIOS 10.5; HEBREOS 10.23

ANDA CONMIGO en la libertad del perdón. El camino por el que vamos tú y yo es a veces empinado y resbaladizo. Si vas con una carga de culpa sobre tus espaldas estás expuesto a tropezar y caer. Si me lo pides, te libraré de ese peso y lo sepultaré a los pies de la cruz. Cuando ya no esté, ¡te sentirás absolutamente libre! Párate firme sobre tus pies en mi Presencia de modo que nadie pueda intentar volver a poner una carga sobre tus espaldas. Mira mi rostro y siente el calor de mi luz-amor alumbrándote. Es este amor incondicional que te libera tanto de tus miedos como de tus pecados. Pasa tiempo disfrutando en la luz de mi Presencia. Al conocerme más y más íntimamente, te sentirás admirablemente libre.

SALMO 68.19; 1 JUAN 1.7-9; 1 JUAN 4.18

SI VIVES PRIMERO Y ANTES que todo en mi Presencia gradualmente te irás sintiendo más consciente de mí que de otras personas y lugares alrededor de ti. Esta percepción no afectará tu relación con otros; más bien aumentará tu capacidad de dar amor y aliento a los demás. Mi paz impregnará tus palabras y tu comportamiento. Seguirás activo en el mundo pero no mezclado con él. No será fácil zarandearte porque mi Presencia amortiguará el estallido de tus problemas.

Este es el camino que he preparado delante de ti. En la medida que lo andes confiadamente, experimentarás abundante vida y paz.

SALMO 89.15-16; SALMO 16.8; 2 PEDRO 1.2

EMPLEA TODA TU ENERGÍA en confiar en mí. Es a través de esta actitud que te mantendrás conectado conmigo, consciente de mi Presencia. Cada paso que des en tu caminar por la vida puede ser un paso de fe. Los pasos de confianza de los bebés pueden parecerte elementales. Se pueden dar en forma casi inconsciente. Los pasos de los gigantes son totalmente otra cosa: Saltar por sobre el abismo en la semioscuridad, escalar acantilados de incertidumbre, avanzar con paso lento *a través del negro valle de la muerte*. Todo esto requiere una concentración extrema así como también un compromiso absoluto conmigo.

Cada uno de mis hijos es una mezcla única de temperamento, talento y experiencia de vida. Algo que para ti puede ser un paso de bebé, para otra persona puede parecer un paso de gigante, o viceversa. Solo yo conozco las dificultades o la facilidad de cada segmento de tu viaje. Ten cuidado con tratar de impresionar a otros actuando como si tus pasos de gigante fueran de bebés. No juzgues a aquellos que dudan y que tiemblan de miedo ante un acto que para ti no tendría ninguna complicación. Si cada uno de mis hijos buscara complacerme por sobre todas las cosas, el miedo al juicio de otros se desvanecería, como el intento de impresionar a los demás. Concentra tu atención en el camino que tienes por delante y en mí, que nunca me aparto de tu lado.

SALMO 23.4; MATEO 7.1-2; PROVERBIOS 29.25

¡VEN A MÍ Y ESCUCHA! Sintonízate con mi voz y recibe mis más ricas bendiciones. Asómbrate ante la maravilla de comunicarte con el Creador del universo mientras te sientas en la comodidad de tu casa. Los reyes que rigen en la tierra tienden a hacerse inaccesibles; la gente común y corriente casi nunca logra ser recibida por ellos. Aun los dignatarios deben someterse a trámites burocráticos para hablar con la realeza.

Aunque yo soy el Rey del universo, soy para ti totalmente accesible. Estoy contigo donde estés. ¡Nada puede separarte de mi Presencia! Cuando yo exclamé estando en la cruz: «¡Consumado es!» la cortina del templo se rasgó en dos, de arriba abajo. De esta manera quedó abierto el camino para que pudieras llegar a verme cara a cara, sin necesidad de pasar por protocolos o sacerdotes. Yo, el Rey de reyes, soy tu compañía permanente.

ISAÍAS 50.4; ISAÍAS 55.2-3; JUAN 19.30;
MATEO 27.50-51

DESCANSA EN MIS BRAZOS ETERNOS.
Tu debilidad es una ocasión para llegar a ser fuerte en
la seguridad de mi Presencia omnipotente. Cuando
tus energías tiendan a fallar, no mires dentro de ti ni
te lamentes por lo que veas allí. Mírame a mí y a mi
suficiencia. Regocíjate en mis riquezas radiantes que
están, en toda abundancia, a tu disposición para ayudarte.

Camina tranquilo a lo largo de este día. Descansa
en mí y disfruta de mi Presencia. Agradéceme por tu
necesidad, la cual construye vínculos de confianza
entre nosotros. Si miras hacia atrás, verás que los días
de extrema debilidad han sido los que te han propor-
cionado un tiempo más precioso. Los recuerdos de
estos días se entretejen ricamente con las hebras doradas de mi íntima Presencia.

DEUTERONOMIO 33.27; SALMO 27.13-14

ABRE TU MENTE Y TU CORAZÓN, tu ser entero, para recibir mi amor en una medida rebo sante. Cuántos de mis hijos van cojeando por la vida, hambrientos de amor porque no han aprendido el arte de recibir. Este es, esencialmente, un acto de fe: creer que yo te amo con un amor sin límites y eterno. El arte de recibir es también una disciplina: entrena tu mente para que confíe en mí, acercándose a mí con absoluta confianza.

Recuerda que Satanás es *el padre de mentira*. Aprende a reconocer sus incursiones engañosas en tus pensamientos. Uno de sus engaños favoritos es soca-var tu confianza en mi amor incondicional. ¡Declárale la guerra a esta mentira! No te quedes sin confron-tarla. *Ponle resistencia al diablo y él huirá de ti. Acércate a mí* y mi Presencia te envolverá en amor.

EFESIOS 3.16-19; HEBREOS 4.14-16;
JUAN 8.44; SANTIAGO 4.7-8

YO ESTOY CONTIGO y alrededor de ti, rodeándote con rayos dorados de luz. Siempre contem-
plo tu rostro cara a cara. Ninguno de tus
pensamientos escapa a mi conocimiento. Porque soy
infinito, puedo amarte como si tú y yo fuéramos los
únicos que existimos en el universo.

Camina conmigo en íntimos pasos de amor pero
no dejes de apreciar mi majestad. Deseo ser tu amigo
más cercano pero también soy tu Señor soberano. Yo
creé tu cerebro con capacidad para conocerme como
amigo y Señor simultáneamente. La mente humana es
el pináculo de mi creación pero muy pocos la usan
para su propósito original: conocerme a mí. Yo me
comunico permanentemente a través de mi Espíritu,
mi Palabra y mi creación. Solo los humanos son capa-
ces de recibirme y responder a mi Presencia. Sin duda,
tú fuiste *hecho tan admirable.*

SALMO 34.4-7; 2 PEDRO 1.16-17; JUAN 17.3;
SALMO 139.14

YO ESTOY PERPETUAMENTE CONTIGO, preocupado por ti. Esto es lo más importante en tu existencia. No estoy limitado ni por tiempo ni por espacio: Mi Presencia contigo es una promesa para siempre. No tienes por qué tener miedo del futuro porque yo ya estoy allí. Cuando des ese brinco a la eternidad me vas a encontrar esperándote en el cielo. Tu futuro está en mis manos. Yo te lo voy entregando día a día, momento a momento. Por lo tanto, *no te preocupes por lo que sucederá mañana.*

Quiero que vivas este día intensamente, viendo todo lo que haya que ver, haciendo todo lo que haya que hacer. Que la preocupación por el futuro no te distraiga. ¡Déjalo en mis manos! Cada día de la vida es un regalo glorioso pero muy pocos saben cómo vivir dentro de los límites de hoy. Mucha de su energía por una vida abundante se escurre por la línea del tiempo a las preocupaciones de mañana o a los lamentos del ayer. Y la energía que les queda es apenas suficiente para ir renqueando a través del día, no para vivirlo plenamente. Yo te estoy preparando para que, en el presente mantengas tu mirada en mi Presencia. Así es como se recibe vida abundante la cual fluye libremente de mi trono de gracia.

MATEO 6.34; JUAN 10.10; SANTIAGO 4.13-15

Octubre

Vengan a mí los que
estén cansados y afligidos
y yo los haré descansar.

MATEO 11.28

ADÓRAME SOLO A MÍ. Yo soy Rey de reyes y Señor de señores, que habita en luz tan deslumbrante que ningún humano puede acercársele. ¡Yo me preocupo de ti! Y no solo estoy comprometido a cuidarte sino que también soy absolutamente capaz de hacerlo. Descansa en mí cuando te sientas cansado porque esta es también una forma de adorarme.

Aunque la autoflagelación ha pasado de moda, muchos de mis hijos viven como caballos de carrera. Se incitan a la acción, no haciendo caso a lo exhaustos que pudieren estar. Se olvidan que yo soy soberano y *que mis pensamientos y conducta son radicalmente diferentes a los de ustedes*. Es posible que en la intimidad se sientan resentidos conmigo por considerarme demasiado duro. Quizás su adoración sea tibia porque he dejado de ser su primer amor.

Mi invitación nunca cambia: *Vengan a mí los que estén cansados y afligidos y yo los haré descansar.* Adórame descansando confiadamente en mi Presencia.

1 TIMOTEO 6.15-16; ISAÍAS 55.8-9;
APOCALIPSIS 2.4; MATEO 11.28

NUNCA DES POR OBVIA mi íntima cercanía. Maravíllate por lo hermoso de mi continua Presencia contigo. Aun la persona que más te ame puede no estar contigo siempre. Ni puede conocer las intimidades de tu corazón, mente y espíritu. *Así pasa con ustedes: hasta los cabellos de su cabeza están contados.* Tú no tienes que hacer nada para revelarte ante mí.

Muchos se pasan la vida entera o se gastan una fortuna buscando a alguien que los entienda. Pero yo estoy libremente accesible a todos los que invocan mi nombre, que abren sus corazones para recibirme como su Salvador. Este acto de fe sencillo es el comienzo de una historia de amor llamada a durar toda la vida. Yo, el que ama tu alma, te entiendo perfectamente y te amo eternamente.

LUCAS 12.7; JUAN 1.12; ROMANOS 10.13

CUANDO PAREZCA QUE LAS COSAS van mal, confía en mí. Cuando sientas que pierdes el control de tu vida, dame gracias. Estas son reacciones sobrenaturales que te pueden elevar por sobre tus circunstancias. Si actúas naturalmente cuando se te presentan las dificultades, puedes caer fácilmente en el negativismo. Aun unas pocas quejas, al oscurecer tu perspectiva y tu pensamiento pueden ponerte en situación de una caída en espiral. Con una actitud así controlándote, las lamentaciones fluyen más y más fácilmente de tu boca. Cada una te llevará más abajo. Y mientras más abajo llegues, más rápido será tu deslizamiento; pero siempre es posible aplicar los frenos. ¡Clama a mí en mi nombre! Reafirma tu confianza en mí, sin importar cómo te sientas. Dame las gracias por todo aunque el hacerlo parezca carecer de lógica e incluso algo irracional. Poco a poco empezarás a ascender recuperando el terreno perdido.

Cuando hayas llegado al nivel del cual habías caído, podrás enfrentar tus circunstancias desde una perspectiva humilde. Si te decides por una reacción sobrenatural, confiando en mí y dándome las gracias, experimentarás mi paz inescrutable.

SALMO 13.5; EFESIOS 5.20

YO SOY EL CREADOR DEL CIELO Y DE LA TIERRA: Señor de todo lo que es y de todo lo que será. Aunque soy inimaginablemente vasto, decidí vivir dentro de ti, impregnándote con mi Presencia. Solo en el reino del espíritu podría alguien tan infinitamente grande vivir dentro de alguien tan pequeño. Mi gloria y mi Espíritu dentro de ti te sorprenderán.

Aunque el Espíritu Santo es infinito, *se ha dignado ser tu ayudador*. Él está siempre listo para ofrecerte su ayuda; todo lo que necesitas hacer es pedírsela. Cuando el camino que tienes por delante se ve cómodo y llano, es posible que te sientas tentado *a andarlo solo* en lugar de apoyarte en mí. Es aquí cuando te pones en gran peligro de tropezar y caer. Pídele a mi Espíritu la ayuda que necesitas para avanzar. Nunca descuides esta gloriosa fuente de fuerza que hay dentro de ti.

JUAN 14.16-17; JUAN 16.7; ZACARÍAS 4.6

RECUERDA QUE EL GOZO no depende de tus circunstancias. Algunas de las personas más desdichadas de este mundo son aquellas cuyas circunstancias parecen ser las más envidiables. A menudo, los que alcanzan la cima se sorprenden al encontrar que los está esperando el vacío más absoluto. El gozo auténtico es un subproducto de vivir en mi Presencia. Por lo tanto, tú puedes experimentarlo en palacios, en prisiones... en cualquiera parte.

No pienses que un día carece de gozo porque tiene dificultades. Mejor, concéntrate en mantenerte en comunicación conmigo. Muchos de los problemas que claman por tu atención se resolverán solos. Es posible que tengas que atender otros pero yo te ayudaré en estos casos. Si haces de la solución de tus problemas algo de segunda importancia en lo que se refiere a vivir cerca de mí, podrás encontrar gozo aun en los días más difíciles.

HABACUC 3.17-19; 1 CRÓNICAS 16.27

DISPONTE A SEGUIRME a dondequiera que yo te quiera llevar. Sígueme con todo entusiasmo y con anticipada alegría apura tus pasos. Aunque no sepas lo que te espera adelante, yo lo sé. ¡Y eso debería ser suficiente para ti! Algunas de mis más ricas bendiciones están justo a la vuelta de la esquina. No las ves pero son absolutamente reales. Para recibirlas deberás *andar por fe, no por vista.* Esto no significa cerrar los ojos a lo que te rodea sino subordinar el mundo visible al Pastor invisible de tu alma.

A veces te llevo a lo alto de una montaña solo dándote mi mano para que te apoyes en ella. Mientras más arriba alcances más espectacular será la vista que se te ofrezca; además, mientras mayor sea tu separación del mundo con todos sus problemas más podrás experimentar la exhuberancia de la feliz realidad de mi Presencia. Entrégate de lleno a estos momentos de gloria y sumérgete en mi luz deslumbrante. Finalmente te haré descender de la montaña para que te integres a la comunidad con otros. Deja que mi luz siga alumbrando dentro de ti mientras vuelves a caminar entre la gente.

2 CORINTIOS 5.7; SALMO 96.6; JUAN 8.12;
SALMO 36.9

PARA PODER OÍR MI VOZ deberás dejar a mi cuidado todas tus preocupaciones. Entrégame todo lo que te preocupa. Esto te aclarará el camino para que busques mi rostro sin nada que se interponga. Déjame liberarte de todo temor escondido dentro de ti. Siéntate en silencio ante mi Presencia dejando que mi luz te inunde y haga huir cualquiera oscuridad que haya dentro de ti.

Acepta cada día tal como viene. Recuerda que yo soy soberano sobre tu vida. *Regocíjate y alégrate porque este es el día que he hecho.* Confía en que yo estoy abundantemente presente en él. En lugar de lamentarte y resentirte por las cosas como son *da gracias a Dios en cualquiera situación.* Confía en mí y no tengas miedo; dame gracias y descansa en mi soberanía.

1 PEDRO 5.6-7; SALMO 118.24;
1 TESALONICENSES 5.18

YO TE AMO CON UN AMOR ETERNO. La mente humana no puede comprender mi fidelidad. Tus emociones vacilan y tambalean frente a las circunstancias mientras tiendes a proyectar tus sentimientos de inconstancia sobre mí. Por esto es que no logras beneficiarte plenamente de mi amor incondicional.

Necesitas mirar más allá de tus circunstancias y descubrir cómo me vuelvo amorosamente a verte. Esta seguridad de mi Presencia te fortalecerá mientras recibes y reaccionas a mi amor. *Yo soy el mismo ayer, hoy y por los siglos.* Deja que mi amor fluya dentro de ti continuamente. Tu necesidad de mí es tan constante como el fluir de mi amor.

JEREMÍAS 31.3; ÉXODO 15.13; HEBREOS 13.8

TÚ HAS ESTADO en una larga travesía ascendente y casi no te quedan energías. Aunque ha habido momentos en que has flaqueado, no te has soltado de mi mano. Me alegra tu deseo de estar cerca de mí. Hay una cosa, sin embargo, que no me gusta y esta es tu tendencia a quejarte. Debes decirme todo lo que desees acerca de las dificultades que encuentras en el camino por el cual vamos andando. Yo entiendo mejor que nadie las tensiones y fatigas que te han afligido. Puedes hablarme con toda confianza porque el hacerlo templa tus pensamientos y te ayuda a ver las cosas desde mi perspectiva.

Quejarse a otros abre la puerta a pecados fatales tales como la autoconmiseración y la ira. Cada vez que sientas que estás siendo tentado a lamentarte ven a mí y háblame de eso. Al hacerlo, yo pondré mis pensamientos en tu mente y mi canción en tu corazón.

JEREMÍAS 31.25; FILIPENSES 2.14-15

CONFÍA EN MÍ LO SUFICIENTE como para dejar que las cosas ocurran sin esforzarte por predecirlas o controlarlas. Relájate y descansa a la luz de mi amor eterno. La luz de mi amor nunca pierde intensidad aunque a menudo no estés consciente de mi Presencia que irradia luz. Cuando te proyectas en el futuro, planificando lo que piensas hacer o decir, estás intentando ser autosuficiente: ser capaz sin mi ayuda. Este es un pecado sutil tan común que por lo general pasa inadvertido.

La alternativa es vivir plenamente en el presente, dependiendo de mí a cada momento. En lugar de tener miedo por tu ineficacia, regocíjate en mi provisión abundante. Entrena tu mente para no dejar de buscar mi ayuda incluso cuando sientas que eres capaz para arreglártelas solo. No dividas tu vida entre cosas que puedes hacer por ti mismo y cosas que requieren de mi ayuda. Es mejor que aprendas a depender de mí ante cualquiera situación. Esta disciplina te capacitará para disfrutar mucho mejor la vida y hacer frente a las demandas del día con confianza y seguridad.

SALMO 37.3-6; FILIPENSES 4.19

YO SOY LA CULMINACIÓN de todas tus esperanzas y deseos. *Yo soy la A y la Z, el que es, que era y que ha de venir, el Todopoderoso.* Antes que me conocieras, expresaste tus deseos en cuanto a establecer una relación conmigo y lo hiciste de maneras angustiosas. Siempre fuiste vulnerable al mal que te rodea en el mundo. Pero ahora, mi Presencia te protege al envolverte en mis brazos amorosos. *Yo te llamé de las tinieblas a mi luz maravillosa.*

No obstante que he traído a tu vida muchos deleites, ninguno es esencial. Recibe mis bendiciones con manos abiertas. Disfruta mis dones pero no te aferres a ellos. Pon tu atención en el Dador *de todo lo bueno y perfecto* y descansa en la convicción de que en mí estás completo. Una cosa que es absolutamente necesaria y que jamás debes perder es mi Presencia en ti.

SALMO 62.5-8; APOCALIPSIS 1.8;
1 PEDRO 2.9; SANTIAGO 1.17

TEN CUIDADO CON VERTE A TRAVÉS de los ojos de otras personas. En esto hay varios peligros. Uno es que es casi imposible discernir lo que otros realmente piensan de ti. Además, la opinión que pudieran tener de ti es variable dependiendo del punto de vista espiritual, emocional y físico del que emite su opinión. Pero el mayor problema en dejar que otros te definan es que puede dar origen a la idolatría. Tu preocupación por agradar a los demás puede afectar tu deseo de agradarme a mí, tu Creador.

Es mucho más real que te veas a través de *mis ojos*. Mi mirada sobre ti es constante y segura, no manchada por el pecado. A través de mis ojos te puedes ver como alguien que es amado profunda y eternamente. Descansa en mi mirada amorosa y recibirás una paz profunda. Responde a mi Presencia de especial afecto *adorándome en forma verdadera*.

HEBREOS 11.6; JUAN 4.23-24

DEDICA TIEMPO PARA ESTAR EN SILENCIO en mi Presencia. Mientras más molesto te sientas, más necesidad tienes de este espacio sagrado de comunión conmigo. Respira tranquilo y profundo. Relájate en mi Presencia santa mientras *mi rostro resplandece sobre ti*. Así es como recibes mi paz, la cual siempre te estoy ofreciendo.

Imagínate el dolor que siento cuando mis hijos se complican la vida ignorando mi don de paz. Yo morí como un criminal para asegurarte esta bendición. Recíbela con gratitud; escóndela en tu corazón. Mi paz es un tesoro interior que crece dentro de ti en la medida que confías en mí. Por lo tanto, las circunstancias no la pueden afectar. Ten calma y disfruta la paz en mi Presencia.

SALMO 46.10; NÚMEROS 6.25-26

PREPÁRATE PARA SUFRIR POR MÍ y en mi nombre. En mi reino, todo sufrimiento tiene un significado. El dolor y los problemas son oportunidades para que demuestres tu confianza en mí. Soportar tus circunstancias valientemente, incluso agradeciéndome por ellas es una de las formas más elevadas de alabanza. Este sacrificio de acción de gracias hace repicar campanas doradas de gozo en todo el ámbito del reino de los cielos. También en la tierra, tu sufrimiento con paciencia envía ondas de buenas noticias en círculos cada vez más amplios.

Cuando los sufrimientos arrecian recuerda que yo soy soberano y que puedo producir algo bueno de cualquier cosa o situación. No trates de huir del dolor o esconderte de los problemas. Más bien, acepta la adversidad en mi nombre ofreciéndomela para mis propósitos. De esta manera, tus sufrimientos tendrán mayor sentido y te acercarán a mí. El gozo se levanta de las cenizas de adversidad a través de tu confianza y gratitud.

SANTIAGO 1.2-4; SALMO 107.21-22

TRATA DE MANTENERTE CONSCIENTE DE MÍ mientras vas, paso a paso, a lo largo de este día. Mi Presencia contigo es tanto una promesa como una protección. Mis palabras finales, justo antes de ascender al cielo fueron: *Estaré con ustedes siempre.* Esa promesa fue para todos mis seguidores, sin excepción.

La promesa de mi Presencia es una protección poderosa. Mientras vas por la vida encontrarás numerosos escollos. Muchas voces reclamarán tu atención, tratando de seducirte para que vayas tras ellas. A pocos pasos fuera de tu camino hay trampas de autocompasión y desesperación, mesetas de orgullo y terquedad. Si dejas de mirarme a mí y te decides a entrar por esos otros caminos estarás en serio peligro. Incluso los amigos bien intencionados pueden hacer que te extravíes si dejas que usurpen mi lugar en tu vida. La forma de permanecer en el camino de vida es mantener tu mirada en mí. Estar consciente de mi Presencia es tu mejor protección.

MATEO 28.20; HEBREOS 12.1-2

BÚSCAME CONTINUAMENTE para tener mi ayuda, consuelo y compañía. Como yo estoy siempre a tu lado, la más pequeña mirada te puede conectar conmigo. Cuando me buscas porque necesitas ayuda, ésta fluye libremente de mi Presencia. Reconocer tu necesidad, sea en las cosas pequeñas como en las grandes, te mantendrá espiritualmente vivo.

Cuando necesites consuelo estaré pronto para arroparte en mis brazos. Así no solo te sentirás consolado sino que también serás un canal a través del cual llevaré consuelo a otros. De esta manera, serás doblemente bendecido porque un canal viviente siempre se queda con algo de lo que fluye a través de él.

Mi compañía constante es *la joya en la corona*: lo más sublime de las bendiciones de la salvación. No importa qué pérdidas hayas experimentado en la vida, nadie podrá quitarte este regalo glorioso.

SALMO 34.4-6; SALMO 105.4;
2 CORINTIOS 1.3-4

LA ANSIEDAD ES EL RESULTADO de imaginarte el futuro sin mí. Por eso, la mejor defensa contra la preocupación es mantenerte en comunicación conmigo. Cuando vuelves tus pensamientos a mí puedes pensar mucho más positivamente. Recuerda escuchar tanto como hablar. Haz de tus pensamientos un diálogo conmigo.

Si debes pensar en cosas que van a suceder, sigue esta regla: 1) No pienses demasiado en el futuro porque la ansiedad brota como las setas cuando divagas mucho. 2) Recuerda que la promesa de mi Presencia continua me incluye en cualquiera metáfora que viene a la mente. Esta disciplina mental no ocurre fácilmente debido a que estás acostumbrado a ser dios de tus propias fantasías. Sin embargo, la realidad de mi Presencia contigo, ahora y siempre, eclipsa cualquiera fantasía que pudieras tener.

LUCAS 12.22-26; EFESIOS 3.20-21

SÉ GENTIL MIENTRAS VIVES ESTE DÍA manteniendo siempre tus ojos puestos en mí. Abriré para ti el camino que tienes por delante mientras vas dando pasos de confianza. En algún momento, el camino te parecerá que está bloqueado. Si te concentras en el obstáculo o buscas un atajo probablemente te saldrás de curso. Por eso, es mejor que en tales circunstancias, mantengas tus ojos en mí, tu Pastor que te está guiando en todo el viaje de la vida. Antes que te des cuenta, el obstáculo habrá quedado atrás y no te habrás dado ni cuenta cómo lo venciste.

Este es el secreto del éxito en mi reino. Aunque te mantengas consciente del mundo visible que hay a tu alrededor, tu percepción primaria debe estar en mí. Cuando el camino por delante te parezca tortuoso, puedes confiar en mí que te haré pasar sano y salvo a través de aquella porción difícil. Mi Presencia te da la capacidad para actuar frente al día con toda confianza.

JUAN 10.14-15; ISAÍAS 26.7

VEN A MÍ con tus defensas bajas, listo para recibir la bendición y llenura de mi Presencia. Ten calma y siente el alivio de ser totalmente franco y auténtico conmigo. No tienes nada que ocultar y nada que revelar porque yo ya sé y conozco todo en cuanto a ti. Es imposible que puedas tener otra relación como esta. Dedica tiempo a saborear sus riquezas, disfrutando en mi luz dorada.

Unas de las peores consecuencias de la caída son las barreras que la gente levanta entre ellos y los demás. En el mundo abundan las fachadas, incluso las hay en mi cuerpo, la Iglesia. A veces, la iglesia es el último lugar donde las personas se sienten libres de ser ellas mismas. Se cubren con el traje del día domingo y las sonrisas dominicales. Y suspiran de alivio cuando salen de la iglesia porque se ven libres de la tirantez de un compañerismo falso. El mejor antídoto para esta atmósfera artificial es estar en mi Presencia cuando te reúnes con los demás creyentes. Que tu enfoque primario sea tu comunicación conmigo, tu adoración a mí y glorificarme. Solo entonces estarás en condiciones de sonreír a los demás con mi gozo y manifestarles amor con mi amor.

1 JUAN 1.5-7: ÉXODO 33.14; FILIPENSES 4.8-9

YO SOY TU DIOS VIVO, mucho más abundantemente vivo que la más viva de las personas que conoces. El cuerpo humano es una creación maravillosa pero la gravedad y los efectos inevitables de la vejez lo agobian. Hasta el más destacado superatleta no puede mantener sus aptitudes más allá de un par de décadas. La vida abundante duradera se puede encontrar únicamente en mí. Que no te domine la ansiedad por las debilidades de tu cuerpo; más bien, velo como un preludio a mi voluntad de implantar energía en tu ser.

Al identificarte más y más conmigo, mi vida llega a entretejerse con la tuya. Aunque el proceso de envejecimiento continúa, interiormente te vas poniendo más fuerte con el paso de los años. Los que viven cerca de mí desarrollan una vitalidad interior que los hace parecer jóvenes a pesar de los años. Deja que mi vida brille a través de ti mientras *vives en la luz* conmigo.

SALMO 139.14; COLOSENSES 1.29; 1 JUAN 1.7

PARA VIVIR en mi Presencia en forma congruente, debes sacar a la luz y de tu vida tus tendencias a la rebeldía. Cuando algo interfiere con tus planes o deseos tu tendencia es resentir tal interferencia. Tratas de estar consciente de cada resentimiento por muy insignificante que pareciera ser. No amontones esos sentimientos desagradables; en lugar de eso, deja que salgan a la superficie donde puedes enfrentarlos. Pídele a mi Espíritu que aumente tu conciencia de la presencia de esos resentimientos. Tráelos valientemente a la luz de mi Presencia para que yo pueda librarte de ellos.

La solución concluyente a las tendencias de rebeldía es la sumisión a mi autoridad sobre ti. Intelectualmente te regocijas en mi soberanía sin la cual el mundo sería un lugar aterrador. Pero cuando mi soberanía se inmiscuye en tu pequeño dominio de control, a menudo reaccionas con un resentimiento delator.

La mejor respuesta a perder o frustrar la esperanza es alabar: *El Señor me dio cuanto yo tenía; suyo era, y tenía derecho de llevárselo. Bendito sea el nombre del Señor.* Recuerda que todas las cosas buenas: tus posesiones, tu familia y amigos, tu salud y capacidades, tu tiempo son regalos que yo te he hecho. En lugar de sentirte con derecho sobre todas estas bendiciones, responde a ellas con gratitud. Prepárate para desprenderte de cualquiera cosa que yo te haya quitado pero nunca te desprendas de mi mano.

SALMO 139.23-24; 1 PEDRO 5.6; JOB 1.21

SIN IMPORTAR lo que tus circunstancias pudieran ser puedes encontrar gozo en mi Presencia. Algunos días, el gozo se esparce generosamente por tu vida, resplandeciendo a la luz del sol. En días como esos, estar contento es tan sencillo como respirar o dar el paso siguiente. Otros días se ven encapotados y sombríos; sientes las tensiones de la jornada en la que estás y te parece que no terminará nunca. Tus ojos tropiezan con toscas rocas grises y tus pies tropiezan contra ellas. Pero aun en estas circunstancias, el gozo sigue estando accesible. *Búscalo como si fuera un tesoro escondido.*

Comienza por recordar que yo he creado este día; no es algo que ocurrió por casualidad. Recuerda que yo estoy presente contigo sea que estés consciente de mi Presencia o no. Si así lo crees, entonces comienza hablando conmigo sobre lo que sea que tengas en tu mente. Regocíjate en el hecho que yo te entiendo perfectamente y que sé exactamente lo que estás experimentando. Al continuar comunicándote conmigo, tu estado de ánimo mejorará gradualmente. La seguridad de mi maravillosa compañía puede infundir gozo en el día más gris de tu vida.

SALMO 21.6; PROVERBIOS 2.4

SI VUELVES TU ATENCIÓN a mí, podrás sentir la luz de mi Presencia alumbrándote. Abre tu mente y tu corazón para recibir mi sonrisa celestial de aprobación. Deja que mi amor recubierto de oro te lave y penetre en las profundidades de tu ser. En la medida en que vas siendo lleno irás experimentando la unión gozosa conmigo: *Como tú estás en mí, y yo en ti*. Tu gozo en mí y mi gozo en ti se entretejen y llegan a ser inseparables. Yo extiendo tu alma con gozo en mi Presencia. *Me has dejado saborear los gozos de la vida y los exquisitos placeres de tu presencia eterna.*

JUAN 17.20-23; SALMO 16.11

RECUÉSTATE EN VERDES PASTOS de paz. Aprende a relajarte cada vez que sea posible descansando en la Presencia de tu Pastor. Esta era electrónica mantiene a mis hijos conectados la mayor parte del tiempo, bajo demasiadas tensiones como para buscarme en medio de esos momentos. Yo puse muy dentro de ti la necesidad de descansar. Tan distorsionado ha llegado a ser el mundo que la gente se siente culpable por satisfacer sus necesidades básicas. Cuánto tiempo y energía desperdician para mantenerse siempre en movimiento en lugar de tomar tiempo para buscar mi dirección para sus vidas.

Te he llamado *para guiar tus pasos por el camino de la paz*. Quiero que ilumines el camino a otros que deseen vivir en mi Presencia apacible. Te he escogido no tanto por tus fuerzas como por tus debilidades, las cuales amplifican tu necesidad de mí. Depende más y más de mí y derramaré paz sobre todos tus caminos.

SALMO 23.1-3; GÉNESIS 2.2-3; LUCAS 1.79

YO SOY DIOS CONTIGO todo el tiempo y por la eternidad. No permitas que la familiaridad de tal concepto afecte su impacto en tu conciencia. Mi Presencia perpetua contigo puede ser una fuente continua de gozo brotando y fluyendo en corrientes de vida abundante. Deja que tu mente reverbere con significados de mi nombre: Jesús: *el Señor salva*, y Emmanuel: *Dios está con nosotros*. Esfuérzate por mantenerte consciente de mi Presencia aun en los momentos en que estés más ocupado. Habla conmigo sobre lo que te causa alegría, sobre lo que te causa tristeza, sobre lo que sea que tengas en tu mente. Estos pequeños pasos de disciplina diaria, dados uno después del otro, te mantendrán cerca de mí en el camino de la vida.

MATEO 1.21, 23; HECHOS 2.28

VEN A MÍ cuando te sientas herido y yo aliviaré tu dolor. Ven a mí cuando te sientas gozoso y yo compartiré ese gozo multiplicándolo muchas veces. Yo soy todo lo que tú necesitas y cuando lo necesitas. Tus más íntimos deseos serán satisfechos únicamente en mí.

Esta es la era de la autoayuda. Las librerías abundan con libros sobre «cuídese usted mismo» que hacen de la persona el centro de todas las cosas. La meta principal de estas metodologías es llegar a ser autosuficiente y confiado. Tú, sin embargo, has sido llamado a seguir un «camino menos transitado»: el de la dependencia continúa de mí. La auténtica confianza viene cuando sabes que estás completo en mi Presencia. Todo lo que necesitas tiene su contraparte en mí.

JUAN 15.5; SANTIAGO 1.4

AL LLEGAR A SER más y más consciente de mi
Presencia te darás cuenta que es mucho más fácil
identificar el camino por el cual debes ir. Este es uno
de los beneficios prácticos de vivir cerca de mí. En
lugar de preguntarte qué habrá adelante en el camino
por donde vas o preocuparte sobre lo que harás si... o
cuando... puedes concentrarte en mantenerte en
comunicación conmigo. Así, cuando llegues a un
cruce de caminos, yo podré mostrarte la dirección
correcta en que debes seguir.

Muchos están tan preocupados con los planes
futuros y las decisiones que tienen que tomar que no
ven las decisiones que tienen que hacer hoy. Sin ningún conocimiento consciente, reaccionan como lo
hacen corrientemente. Los que viven así sienten una
apatía rampante en sus vidas. Son como sonámbulos
que prefieren seguir gastados caminos de rutina.

Yo, el Creador del universo, soy el ser más creativo
imaginable. Y no te dejaré que camines en círculos. En
lugar de eso te guiaré por sendas frescas de aventura,
revelándote cosas que no conocías. Mantente en
comunicación conmigo. Sigue mi Presencia guiadora.

SALMO 32.8; GÉNESIS 1.1

Jesús te llama

NO ESPERES ser tratado con justicia en esta vida. La gente dirá y hará cosas que te causarán dolor, cosas que tú no te mereces. Cuando alguien te trate mal, procura verlo como una oportunidad para crecer en la gracia. Trata de perdonar prontamente a la persona que te ha herido. No te preocupes por llevar la cuenta de las veces que has sido maltratado. En lugar de sentirte obsesionado por las opiniones que otros tienen de ti, mantén tu concentración en mí. En última instancia, es mi opinión la que cuenta.

Mientras te concentras en tu relación conmigo, recuerda que te he cubierto con mi justicia y santidad. Yo te veo ataviado con esta ropa radiante, que compré para ti con mi sangre. Esto tampoco es justo; es un regalo. Cuando otros te traten con injusticia recuerda que la forma en que yo te trato es mucho más que justa. Te trato con paz y *amor por medio del Espíritu Santo que él mismo nos dio.*

COLOSENSES 3.13; ISAÍAS 61.10;
EFESIOS 1.7-8; ROMANOS 5.5

PERMANECE EN MI PRESENCIA UN
RATO. Refrena tus impulsos de zambullirte en los
quehaceres cotidianos. Empezar el día a solas conmigo es la preparación esencial para el éxito. Antes de
mover un músculo, un atleta que se precie de tal se
toma el tiempo para prepararse mentalmente para el
reto que tiene por delante. De igual manera, tu tiempo
de permanecer a solas en mi Presencia te prepara para
enfrentar el día. Solo yo sé lo que te espera adelante.
Yo he ordenado los acontecimientos con los que te vas
a encontrar a medida que el día transcurra. Si no estás
adecuadamente preparado, *te cansarás y perderás el
ánimo*. Tranquilízate mientras te preparo para la
acción.

EFESIOS 2.10; HEBREOS 12.3

YO ESTOY CONTIGO, yo estoy contigo, yo estoy contigo. Las campanas del cielo están continuamente repiqueteando con esa promesa de mi Presencia. Hay quienes nunca escuchan estas campanas porque sus mentes están atadas a la tierra y sus corazones están cerrados a mí. Otros escuchan las campanas solo una vez o dos a lo largo de sus vidas y son raros los momentos en que me buscan por sobre todo lo demás. Mi anhelo es que mi «oveja» escuche mi voz continuamente porque yo soy el *Pastor omnipresente*.

La quietud es la sala de clases donde aprenderás a oír mi voz. Los que comienzan necesitan un lugar tranquilo para mantener sus mentes sosegadas. Pero a medida que vas progresando en esta disciplina, poco a poco irás aprendiendo a llevar contigo la quietud dondequiera que vayas. Si das un paso atrás en el curso principal de la vida, intenta oír estas gloriosas campanas: *Yo estoy contigo, yo estoy contigo, yo estoy contigo.*

JEREMÍAS 29.12-13; JUAN 10.14, 27-28

APRENDE A ESCUCHARME incluso mientras estás escuchando a otras personas. Cuando ellos te abren sus almas, *estás pisando tierra santa*. En tales circunstancias, necesitas la ayuda de mi Espíritu para dar una respuesta apropiada. Pídele que piense con tu mente, que viva en tu vida, que ame a través de tu amor. Mi propio ser vive dentro de ti en la persona del Espíritu Santo. Si tú respondes a la necesidad de otros a través de un proceso de pensamiento sin ayuda, estarás dándoles migajas. Pero cuando mi Espíritu fortalece tu escuchar y tu hablar, brotarán ríos de agua viva a través de ti para beneficio de otras personas. Sé un canal de mi amor, gozo y paz escuchándome a mí como escuchas a otras personas.

ÉXODO 3.5; 1 CORINTIOS 6.19; JUAN 7.38-39

Noviembre

*Por eso, mi Dios les dará todo lo que
necesiten, conforme a las gloriosas
riquezas que tiene en Cristo Jesús.*

FILIPENSES 4.19

NO TE DESANIMES por lo difícil que te pudiere resultar concentrar tu atención en mí. Yo sé que el deseo ardiente de tu corazón es estar permanentemente consciente de mi Presencia. Esta es una meta noble pero aunque tratas de alcanzarla en forma total nunca lo lograrás mientras vivas en este mundo. No dejes que un sentimiento de fracaso te desaliente; más bien trata de verte en la forma en que te veo yo. Antes que nada, me hace feliz saber que deseas ir por la vida caminando cerca de mí. Me produce alegría cada vez que tomas la iniciativa para comunicarte conmigo. Además, me doy cuenta del progreso que has hecho desde que tomaste la decisión de vivir en mi Presencia.

Cuando te des cuenta que tu mente tiende a divagar lejos de mí, no te alarmes ni te sorprendas. Vives en un mundo que ha sido acondicionado para distraerte. Cada vez que intentas abrirte camino a través de las distracciones masivas para comunicarte conmigo, alcanzas una victoria. Alégrate por estos pequeños triunfos porque ellos aumentarán la luminosidad de tus días.

ROMANOS 8.33-34; HEBREOS 4.14-16

DESARRÓLLATE FUERTE en la luz de mi Presencia. Tus debilidades no me disgustan. Por el contrario, atraen mi poder el que está siempre dispuesto para inundar un corazón receptivo. No te censures por tu constante necesidad de ayuda. En lugar de eso, ven a mí con tus necesidades. Deja que la luz de mi amor te inunde.

Un corazón dispuesto no se lamenta ni se rebela cuando el camino se pone difícil. Hace acopio de valor para agradecerme aun durante tiempos difíciles. Rendirte a mi voluntad es el más elevado acto de confianza. *En la quietud y confianza en mí está tu fuerza.*

SALMO 116.5-7; EFESIOS 5.20; ISAÍAS 30.15

CADA VEZ que algo frustre tus planes o deseos, interprétalo como una forma de recordar que debes comunicarte conmigo. Esta práctica tiene varios beneficios. El primero es obvio: Hablar conmigo te bendice y fortalece nuestra relación. Otro beneficio es que las desilusiones en lugar de desmoralizarte se transforman en oportunidades para bien. Esta transformación quita los aguijones que provocan las circunstancias difíciles haciendo posible tener gozo en medio de la adversidad.

Comienza por practicar esta disciplina en todos los pequeños inconvenientes de la vida diaria. A menudo son estas pequeñas dificultades las que te alejan de mi Presencia. Cuando te replantees los *contratiempos* como *oportunidades* te darás cuenta que estás ganando mucho más de lo que habías perdido. Es solo después de mucha práctica que puedes aceptar pérdidas mayores en esta actitud positiva. Pero es posible alcanzar la perspectiva del apóstol Pablo, cuando dijo: *«Pero todo aquello que para mí era valioso, ahora lo considero sin valor por la causa de Cristo».*

COLOSENSES 4.2; FILIPENSES 3.7-8

CAMINA EN PAZ CONMIGO a lo largo de este día. Seguramente te estarás preguntando cómo podrás llevar a cabo todo lo que se espera de ti. Debes vivir este día como lo has hecho siempre: un paso a la vez. En lugar de elaborar mentalmente la forma de hacer esto o aquello, mantente pensando en mi Presencia y en el siguiente paso que darás. Mientras más exigencias te haga este día, más ayuda podrás esperar de mí. Esta es una ocasión para practicar ya que yo te he diseñado para que desarrolles una dependencia profunda de tu Pastor y Rey. Los tiempos difíciles sirven para despertarte y amplificar tu conciencia en cuanto a que necesitas mi ayuda.

Cuando no sepas qué hacer, espera mientras yo abro el camino delante de ti. Confía en que yo sé lo que estoy haciendo, y prepárate para seguirme. *Yo daré fuerzas a mi pueblo. Derramaré paz como bendición sobre ellos.*

ÉXODO 33.14; DEUTERONOMIO 33.25;
HEBREOS 13.20-21; SALMO 29.11

PUEDES VIVIR TAN CERCA DE MÍ como lo desees. No hay barreras entre nosotros: tampoco derribaré las que tú hayas puesto.

La gente tiende a creer que sus circunstancias determinan la calidad de sus vidas. Así, desperdician sus energías tratando de controlar esas situaciones. Se sienten felices cuando las cosas van bien y tristes o frustrados cuando no salen como ellos esperaban. Muy rara vez se preguntan sobre la correlación que existe entre sus circunstancias y sus sentimientos. Sin embargo, es posible *aprender a vivir en cualquiera circunstancia.*

Pon más energía en confiar en mí y en disfrutar mi Presencia. No permitas que tu bienestar dependa de tus circunstancias; más bien, conecta tu gozo a mis preciosas promesas:

Estaré contigo y te protegeré dondequiera que vayas. Te daré todo lo que necesites conforme a mis gloriosas riquezas. Nada podrá apartarte de mi amor.

FILIPENSES 4.12; GÉNESIS 28.15;
FILIPENSES 4.19; ROMANOS 8.38-39

PROCURA AGRADARME por sobre cualquiera otra cosa. Mientras transcurre el día de hoy te encontrarás con muchas situaciones donde tendrás que hacer una decisión. Es posible que muchas de ellas sean pequeñas y que tengas que decidir sobre la marcha. Para hacer una buena decisión necesitarás apoyarte en ciertos principios. Muchas personas hacen decisiones basados en una combinación de sus reacciones habituales y sus deseos de autocomplacerse o de agradar a otros. Esto no es lo que quiero aplicar en tu caso. Esfuérzate en complacerme en todo y no solo en las decisiones más importantes. Esto es posible solo si estás viviendo en estrecha comunicación conmigo. Cuando mi Presencia es tu más profundo deleite sabes casi instintivamente lo que me complacerá. Todo lo que necesitas para hacer la decisión correcta es mirarme a mí. *Deléitate en el Señor* más y más; busca complacerme en todo lo que hagas.

JUAN 8.29; HEBREOS 11.5-6; SALMO 37.4

PRESÉNTATE ante mí en mi majestuoso santuario.
Toda verdadera belleza refleja algo de quién yo soy.
Estoy desarrollando mi plan en ti: el artista divino creando belleza dentro de ti. Mi trabajo principal es quitar escombros y desorden, haciendo espacio para que
mi Espíritu tome completa posesión de tu vida.
Colabora conmigo en este esfuerzo dejando que me
deshaga de todo lo que estime conveniente quitar de
ti. Yo sé lo que necesitas y te he prometido proveer
todo eso en forma abundante.

Tu sentido de seguridad no debe descansar en tus
posesiones o en cosas que hagas a tu manera. Te estoy
entrenando para que dependas únicamente de mí y
para que encuentres plena satisfacción en mi
Presencia. Esto implica sentirse satisfecho con mucho
o con poco, aceptando mi voluntad. En lugar de codiciar y dominar, estás aprendiendo a soltar y recibir.
Cultiva esta posición receptiva confiando en mí en
cada situación.

SALMO 29.2; SALMO 27.4

APRENDE A APRECIAR los días difíciles. Siéntete estimulado por los desafíos que puedas encontrar en el camino. Cuando camines conmigo por terrenos complicados afírmate en la seguridad de que juntos podemos manejar cualquiera situación. Este conocimiento está compuesto de tres partes: tu relación conmigo, las promesas en la Biblia y las experiencias pasadas de enfrentar con éxito los tiempos difíciles.

Mira hacia atrás, a tu vida pasada y comprueba cómo te he ayudado en los días difíciles. Si te sientes tentado a pensar: «Sí, pero eso fue entonces, y ahora es ahora» recuerda quién soy yo. Aunque tú y tus circunstancias pudieran cambiar dramáticamente, *yo soy siempre el mismo* a través del tiempo y de la eternidad. Esta es la base de tu confianza. En mi Presencia *tú vives, te mueves y existes.*

ISAÍAS 41.10; SALMO 102.27; HECHOS 17.28

GUARDA SILENCIO CONMIGO, dejando que todos tus temores y preocupaciones suban a la superficie de tu conciencia como burbujas. Allí, en la luz de mi Presencia esas burbujas estallarán y desaparecerán. Sin embargo, algunos temores vuelven a aparecer vez tras vez, especialmente aquellos que tienen que ver con el futuro. Es posible que tiendas a proyectarte mentalmente hacia el día siguiente, la semana siguiente, el mes y el año que vienen, incluso la próxima década. Y te visualizas pasando dificultades. Pero lo que estás viendo es una imagen falsa porque en ella yo no estoy incluido. Esos tiempos sombríos que te imaginas no ocurrirán porque mi Presencia está contigo en *todo* tiempo.

Cuando una preocupación a futuro te quiera atrapar, atrápala tú primero, desactívala al expandir la luz de mi Presencia en esa imagen mental. Háblate, diciendo: «Cristo Jesús estará conmigo entonces y allí. Con su ayuda enfrentaré lo que sea». Luego, reintégrate al momento presente donde podrás disfrutar de paz en mi Presencia.

LUCAS 12.22-26; DEUTERONOMIO 31.6;
2 CORINTIOS 10.5

CONCENTRA TODO TU SER en mi
Presencia viviente. Yo estoy contigo absolutamente
rodeándote con mi amor y mi paz. Mientras descansas en mi Presencia yo estoy moldeando tu mente y
limpiando tu corazón. Recreándote en aquel ser que
yo diseñé originalmente para que fueras tú.

Al entrar en las actividades del día, no dejes de
tener tu atención puesta en mí. Si algo te perturba,
compártelo conmigo. Si te sientes aburrido con algo
que estás haciendo, llena tu tiempo orando y ala-
bando. Cuando alguien te irrite, no dejes que tus pensamientos se queden demasiado tiempo en las faltas
de esa persona. Con toda delicadeza trae tu mente de
nuevo a mí. Cada momento es precioso si mantienes
tu concentración en mí. Cualquier día puede ser un
buen día porque mi Presencia penetra el tiempo en su
totalidad.

SALMO 89.15-16; 1 JUAN 3.19-20;
JUDAS 24-25; SALMO 41.12

NO DEJES que circunstancia alguna te intimide. Mientras más desafiante sea tu día, más de mi poder pongo a tu disposición. Si tiendes a pensar que yo te capacito igual todos los días, no es así. Una de las primeras cosas que haces al despertar es evaluar las dificultades que esperas encontrar, midiéndolas con el metro de tu capacidad promedio. Este es un ejercicio no realista.

Yo sé todo lo que trae tu día y te capacito en relación con esa realidad. El grado al cual te fortalezco en un día dado está basado principalmente en dos variables: lo difícil de tu circunstancia y tu disposición a depender de mí para ayudarte. Trata de ver los desafíos del día como oportunidades para recibir más de mi poder que lo usual. Busca mi rostro para todo lo que necesitas y observa lo que haré. *Tu fortaleza sea como el largo de tus días.*

EFESIOS 1.18-20; SALMO 105.4;
DEUTERONOMIO 33.25

ESTE ES UN TIEMPO DE ABUNDANCIA
en tu vida. *Tu copa rebosa* con bendiciones. Después
de ir montaña arriba durante varias semanas, ahora
estás caminando tranquilamente por exuberantes
praderas bañadas por la tibieza del sol. Deseo que disfrutes
al máximo este tiempo de reposo y fortalecimiento.
Es un gozo para mí ofrecértelo.

A veces, mis hijos dudan en recibir mis buenos
dones. Falsos sentimientos de culpa los invaden
diciéndoles que no merecen ser tan ricamente bendecidos.
Este es un pensamiento sin sentido porque
nadie merece nada de mí. Mi reino no tiene nada que
ver con ganar o merecer; tiene que ver con creer y
recibir.

Me pone muy triste cuando uno de mis hijos
duda en aceptar mis dones pero muy feliz cuando
recibe mis bendiciones copiosas con un corazón agradecido.
Mi placer al dar y el tuyo al recibir fluyen juntos
en alegre armonía.

SALMO 23.5; JUAN 3.16; LUCAS 11.9-10;
ROMANOS 8.32

YO SOY CRISTO EN TI, la esperanza de gloria.
El que va al lado tuyo tomándote de la mano es el
mismo que vive dentro de ti. Este es un misterio profundo e incomprensible. Tú y yo entretejidos en la
mayor intimidad envolviendo cada fibra de tu ser. La
luz de mi Presencia alumbra tanto dentro como sobre
ti. Yo estoy en ti y tú en mí; por lo tanto, nada en el
cielo o en la tierra puede separarte de mí.

Al permanecer en quietud en mi Presencia tu
seguridad de mi vida dentro de ti aumenta. Esto produce *el gozo del Señor que es vuestra fortaleza, Yo, el
Dios que les concedió esperanza, los inunde siempre de
felicidad y paz al creer en él. Y le pido a Dios que los
haga rebosar de esperanza por el poder del Espíritu
Santo.*

COLOSENSES 1.27; ISAÍAS 42.6;
NEHEMÍAS 8.10; ROMANOS 15.13

DISFRUTA DEL LUJO de ser comprendido plenamente y amado incondicionalmente. Procura verte como te veo yo: radiante en mi justicia, lavado por mi sangre. Yo te veo como te tenía en mente cuando te creé y como serás eternamente cuando el cielo llegue a ser tu hogar. Es mi vida en ti lo que te está cambiando *de gloria en gloria*. ¡Regocíjate en este milagro misterioso! Agradéceme continuamente por el don maravilloso de mi Espíritu en ti.

Trata de depender de la ayuda del Espíritu mientras vas viviendo este día de tu vida. De tanto en tanto detente brevemente para consultar al Santo que vive en ti. Él no te va a forzar a que lo hagas pero sí te va a guiar al concederle espacio en tu vida. Disfruta esta asombrosa forma de colaboración con mi Espíritu.

SALMO 34.5; 2 CORINTIOS 5.21;
2 CORINTIOS 3.18; GÁLATAS 5.25

ABORDA LOS PROBLEMAS con un toque de luz. Cuando tu mente quiere dedicarse a enfrentar algún problema tú tiendes a concentrarte de tal manera en esa situación que dejas de verme a mí. Te entregas a esa tarea de tal manera que parecieras querer solucionarla inmediatamente. Tu mente se dispone para la batalla y tu cuerpo se pone tenso y ansioso. A menos que alcances la victoria, te sentirás derrotado.

Pero hay una forma mejor. Cuando un problema comience a afectar tus pensamientos, tráelo a mí. Háblame del asunto y trata de verlo a la luz de mi Presencia. Esto pondrá una distancia necesaria entre tú y tu preocupación permitiéndote verla desde mi perspectiva. Te sorprenderás con los resultados. Y es posible que te rías de ti mismo por haber tomado con tanta seriedad un problema tan insignificante.

En este mundo van a sufrir. Pero más importante que eso, siempre me tendrás contigo, ayudándote a enfrentar lo que sea. Aborda los problemas con un toque de luz, viéndolo en mi luz reveladora.

SALMO 89.15; JUAN 16.33

AL MIRAR el día que tienes por delante seguramente ves un camino retorcido y complicado, con
ramificaciones que salen para todos lados. Y te preguntas cómo podrás encontrar la ruta correcta en
medio de ese laberinto. Pero de pronto recuerdas al
que ha dicho: *Yo siempre estoy contigo, pues tú sostienes
mi mano derecha.* Y recuerdas mi promesa de *guiarte
toda tu vida con mi sabiduría y consejo* y empiezas a
recuperar la calma. Cuando vuelves a mirar el camino
que tienes por delante te das cuenta de la presencia de
una niebla de paz que te impide ver. Puedes ver solo
unos cuantos pasos frente a ti, de manera que vuelves
tu atención más de lleno a mí y empiezas a disfrutar
de mi Presencia.

La niebla es una protección para ti que te invita a
vivir el momento presente. Aunque yo estoy en todas
partes al mismo tiempo, tú puedes comunicarte conmigo solo aquí y ahora. Algún día aquella niebla ya no
será necesaria porque habrás aprendido a mantener tu
mirada en mí y solo en el camino que tienes por
delante.

SALMO 73.23-24; 1 CORINTIOS 13.12

NO HAY CONDENACIÓN para los que están en mí. *Porque el poder vivificador del Espíritu, poder que reciben a través de Jesucristo, los libera del poder del pecado y de la muerte.* No muchos cristianos saben cómo vivir en esta libertad tan completa, la cual es su patrimonio. Yo morí para verte libre; para vivir libremente en mí.

Para andar en el camino de la libertad deberás mantener tu pensamiento firmemente conectado conmigo. Muchas voces proclaman: «Este es el camino por el cual debes ir» pero solo mi voz te señalará el camino correcto. Si entras por el camino del mundo con toda su pompa y hechizo, empezarás a descender poco a poco al abismo. También algunas voces cristianas pueden llevarte al error: «¡Haz esto!» «¡No hagas eso!» «Ora de esta manera» «¡No ores de esa manera!» Si escuchas a todas esas voces, vas a caer en una horrible confusión.

Siéntete feliz con ser una oveja sencilla, escuchando mi voz y siguiéndome. *En verdes pastos te haré descansar y te guiaré por sendas de justicia.*

ROMANOS 8.1-2; ISAÍAS 30.21; JUAN 10.27; SALMO 23.1-3

VEN A MÍ y descansa en mi paz. Mi rostro está brillando sobre ti en los rayos de esa *paz que nadie puede comprender*. En lugar de tratar de entender las cosas, mejor descansa en la Presencia de quien lo conoce todo. Mientras te apoyas en mí en una actitud de confiada dependencia sentirás una completa paz. Así es como te diseñé para que vivieras: en estrecha comunión conmigo.

Cuando estás rodeado de otras personas, tiendes a atender sus expectativas, reales o imaginarias. Sientes que debes complacerles y al hacerlo, tu contacto conmigo se debilita. Tus esfuerzos por conseguir su aprobación terminan por agotarte. Lo que les estás ofreciendo a esta gente son migajas en lugar de *agua viva* que fluye de mi Espíritu a través de ti. Esta no es la forma que he establecido para ti. Mantente en contacto conmigo aun durante el tiempo en que estés más ocupado. Deja que mi Espíritu te dé palabras de gracia mientras vives a la luz de mi paz.

FILIPENSES 4.6-7; JUAN 7.38;
EFESIOS 5.18-20

DÉJAME A MÍ LOS RESULTADOS. Sígueme a donde quiera que yo te quiera llevar sin preocuparte cómo resultará todo. Piensa en la vida como una aventura conmigo como guía y compañero. Vive el *ahora*, concentrándote en mantenerte al lado mío. Cuando nuestro camino nos lleve hacia un risco, disponte a saltarlo con mi ayuda. Cuando lleguemos a un lugar de descanso, aprovecha el tiempo para recuperar fuerzas en mi Presencia. Disfruta el ritmo de la vida vivida junto a mí.

Tú ya conoces el destino final de tu viaje: el cielo. De manera que mantén tu atención en el camino que tienes por delante, dejando los resultados por mi cuenta.

SALMO 27.13-14; ÉXODO 15.13

YO ME AGRADO DE TI, HIJO MÍO. Permítete estar plenamente consciente del placer que experimento al proyectar mi luz sobre ti. No tienes necesidad de actuar en forma impecable para recibir mi amor. De hecho, si te preocupas por el desempeño eso te alejará de mí llevándote a alguna forma de fariseísmo. Adorar tus propias obras buenas puede ser una forma sutil de idolatría. También puede ser una fuente de gran desaliento si tus obras no alcanzan a la medida de tus expectativas.

Quita tu atención de tu desempeño y ponla en mi Presencia radiante. La luz de mi amor alumbra sobre ti continuamente no obstante tus sentimientos o tu conducta. Tu responsabilidad es ser receptivo a este amor incondicional. Gratitud y confianza son tus sensores primarios. Dame las gracias por todo; *espera en mí en todo tiempo*. Esta disciplina sencilla te mantendrá atento a mi amorosa Presencia.

EFESIOS 2.8-9; EFESIOS 3.16-19; SALMO 62.8

AGRADÉCEME A LO LARGO DE ESTE DÍA por mi Presencia y mi paz. Estos son dones de proporciones sobrenaturales. Desde mi resurrección he consolado a mis seguidores con estos mensajes: Paz *a ustedes; estaré con ustedes siempre.* Escúchame mientras te ofrezco mi paz y mi Presencia sin medida. La mejor manera de recibir estos regalos gloriosos es agradeciéndome por ellos.

Nunca será demasiado el tiempo que puedas pasar agradeciéndome y dándome gracias. Yo te creé antes que nada para que me glorificaras. La acción de gracias y la alabanza te pondrán en una relación apropiada conmigo abriendo el camino para que mis riquezas fluyan a ti. Al agradecerme por mi Presencia y mi paz te estarás apropiando de mis dones más apreciados.

LUCAS 24.36; MATEO 28.20; HEBREOS 13.15

UNA ACTITUD AGRADECIDA abre las ventanas de los cielos. Las bendiciones espirituales descienden libremente sobre ti a través de esas vías que te llevan a la eternidad misma. Es más, mientras alzas tu mirada con un corazón agradecido obtienes chispazos de gloria a través de tales ventanas. Es cierto que todavía no puedes vivir en el cielo pero puedes experimentar anticipos de tu hogar final. Tales muestras de las realidades celestiales están llamadas a revivir tus esperanzas. La gratitud te dispone favorablemente a estas experiencias que proveen razones más que suficientes para estar agradecido. Así, tu camino se transforma en una espiral ascendente, siempre aumentando en felicidad.

La gratitud no es una suerte de fórmula mágica; es el lenguaje del amor que te capacita para mantener una comunicación íntima conmigo. Una mente agradecida no implica una negación de la realidad con su plétora de problemas sino un regocijarse en el *Señor y alegrarse en el Dios que te salva* en medio de las pruebas y tribulaciones. *Yo soy tu amparo y tu fuerza, tu pronta ayuda en tiempos de tribulación.*

HABACUC 3.17-18; SALMO 46.1

Mientras permaneces en silencio en mi Presencia, déjame llenar tu corazón y mente con gratitud. Esta es la forma más directa para lograr una actitud de agradecimiento. Si tu mente necesita un punto focal, mira a mi amor derramado por ti en la cruz. Recuerda que *nada podrá apartarnos de su amor*. Este recordatorio pone un fundamento de gratitud en ti, una base que ninguna circunstancia puede mover.

A medida que transcurre este día, busca esos pequeños tesoros colocados estratégicamente a lo largo del camino. Yo voy ante ti en amoroso plan plantando pequeños tesoros que den brillo a tu día. Búscalos cuidadosamente y recógelos uno por uno. Cuando llegues al final del día habrás reunido un amoroso ramillete. Ofrécemelo con un corazón agradecido. Recibe mi paz al aprestarte a dormir con pensamientos de gratitud entonando un arrullo de amor en tu mente.

ROMANOS 8.38-39; SALMO 4.7-8

EL AGRADECIMIENTO rompe las cuerdas de la adversidad. Por eso es que yo te he instruido para que *des gracias siempre y por todo*. Hay un elemento de misterio en esta operación: tú me agradeces (sin importar tus sentimientos) y yo te doy gozo (sin importar tus circunstancias). Este es un acto espiritual de obediencia, a veces de obediencia ciega. Para la gente que no me conoce íntimamente puede parecer irracional e incluso imposible darme gracias por las adversidades desgarradoras, pero aquellos que me obedecen son invariablemente bendecidos aun cuando las dificultades sigan estando presentes.

El agradecimiento abre tu corazón a mi Presencia y tu mente a mis pensamientos. Es posible que aun permanezcas en el mismo lugar y con las mismas circunstancias pero es como si la luz hubiese sido encendida permitiéndote ver desde mi perspectiva. Es la luz de mi Presencia lo que quita el aguijón de la adversidad.

EFESIOS 5.20; SALMO 118.1; SALMO 89.15

AGRADÉCEME FRECUENTEMENTE mientras caminas por el día de hoy. Esta práctica puede hacer posible *orar sin cesar*, como el apóstol Pablo enseñó. Si tú en realidad quieres aprender a orar continuamente, la mejor forma es darme gracias en cada situación. Esta oración de gratitud provee un fundamento sólido sobre el cual puedes construir otras oraciones. Además, una actitud de agradecimiento hace que te resulte más fácil la comunicación conmigo.

Mientras tu mente está ocupada con acción de gracias a mí, no tendrás tiempo para preocuparte o lamentarte. Si eres coherente al practicar el agradecimiento, los pensamientos negativos se irán debilitando gradualmente. Mantente cerca de mí con un corazón agradecido y *el Dios que te concedió esperanza te inunde siempre de felicidad y paz.*

1 TESALONICENSES 5.16-18; SANTIAGO 4.8;
ROMANOS 15.13

¡ESTE ES EL DÍA QUE YO HE HECHO!

El regocijarte en este día de vida pondrá al alcance de tu mano preciosos dones y una preparación beneficiosa. Anda conmigo por el camino elevado de la acción de gracias y encontrarás todos los deleites que yo he preparado para ti.

Para proteger tu gratitud debes recordar que vives en un mundo caído, donde las bendiciones y congojas se entremezclan libremente. Muchos cristianos experimentan la derrota porque solo ven problemas. A lo largo del día que viven puede haber abundancia de belleza y luminosidad pero ellos ven solo lo gris de sus pensamientos. Descuidan la práctica de dar gracias lo cual obnubiliza sus mentes. Cuánto gozo me dan mis hijos que se acuerdan de darme gracias en todo momento. Ellos pueden caminar en medio de los días más tenebrosos con gozo en sus corazones porque saben que la luz de mi Presencia se mantiene brillando en ellos. *Este es el día que ha hecho el Señor; regocíjate y alégrate* porque yo soy tu compañía invariable.

SALMO 118.24; SALMO 116.17

DEJA QUE EL AGRADECIMIENTO GOBIERNE en tu corazón. Al agradecerme por las bendiciones que has recibido de mí, se produce algo maravilloso. Es como si *de tus ojos cayesen algo así como escamas*, permitiéndote ver mucho mejor mis gloriosas riquezas. Con tus ojos abiertos así, podrás echar mano en mi almacén de riquezas a lo que necesites. Cada vez que recibas algo de mí canta alabanzas de agradecimiento a mi nombre. Aleluya es parte del lenguaje del cielo y también puede llegar a ser parte del idioma de tu corazón.

Una vida de alabanza y gratitud es una vida llena de milagros. En lugar de tratar de estar en control, mírame a mí y a lo que yo estoy haciendo. Este es el poder de la alabanza: centrar todo tu ser en mí. De esta manera te creé para que vivieras pues te hice a mi imagen. Disfruta la vida abundante que rebosa de alabanza y gratitud.

COLOSENSES 3.15; HECHOS 9.18;
APOCALIPSIS 19.3-6; SALMO 100.4-5

DESCANSA EN LA ABUNDANTE SEGU-
RIDAD de mi amor inagotable. Deja que tu cuerpo,
mente y espíritu descansen en mi Presencia.
Entrégame cualesquiera cosas que te estén perturbando de modo que puedas concentrarte totalmente
en mí. Asómbrate de la vasta dimensión de mi amor
por ti: *lo ancho, largo, alto y profundo que es mi amor
por ti*, más que cualquiera otra cosa que tú conozcas.
¡Alégrate que este amor maravilloso sea tuyo para
siempre!

La mejor respuesta a este don glorioso es una
vida impregnada de agradecimiento. Cada vez que me
agradeces por algo estás reconociendo que yo soy
Señor y Proveedor. Esta es la actitud adecuada de un
hijo de Dios: recibir con gratitud, presentarme sacrifi-
cios de agradecimiento y fijarse cuánto le bendigo.

1 PEDRO 5.7; EFESIOS 3.16-19;
SALMO 107.21-22

DÉJAME INFUNDIR MI PAZ en lo más íntimo de tu ser. Mientras permaneces en quietud en la luz de mi Presencia puedes sentir cómo la paz aumenta dentro de ti. Esto no es algo que puedas conseguir a través de la autodisciplina o tu fuerza de voluntad; es disponerte a recibir mi bendición.

En esta era de independencia, a la gente le cuesta reconocer su condición de necesitado. Sin embargo, yo te he llevado por un camino donde se hace más clara tu necesidad de mí, poniéndote en situaciones donde tus fuerzas han sido insuficientes y tus debilidades han sido más que evidentes. Caminando por la aridez de este desierto, te he traído más y más cerca de mí permitiéndote que descubras flores de paz en los lugares más desolados. Esto te ha permitido entender que debes darme gracias por los tiempos difíciles y las etapas duras, confiando que pasando por ellos yo hago en la mejor forma lo que quiero de ti. Te has dado cuenta que necesitar de mí es la clave para conocerme íntimamente, lo cual es el más grande de todos los dones.

ISAÍAS 58.11; ISAÍAS 40.11

LOS PROBLEMAS SON PARTE DE LA VIDA. No hay forma de huir de ellos pues están entretejidos en la estructura misma de este mundo caído. Tu tendencia es tratar de solucionar rápidamente cualquiera situación difícil y lo haces como si tuvieras la capacidad para lograrlo. Esta es una reacción habitual del ser humano, tan automática que circunvala tu pensamiento consciente. Este hábito no solo logra frustrarte pero también tiende a alejarte de mí.

No dejes que arreglar los problemas sea una prioridad en tu vida. Eres muy limitado en cuanto a tu capacidad de arreglar todo lo malo que hay en el mundo que te rodea. No te recargues con responsabilidades que no te corresponden. En lugar de eso, haz de tu relación conmigo tu primera preocupación. Cuéntame cualquiera cosa que te esté perturbando pidiéndome que te dé mi propia perspectiva del asunto. En lugar de tratar de arreglar todo lo que capta tu atención, pídeme que te muestre lo que de verdad es importante. Recuerda que estás en camino al cielo; por lo tanto, deja que tus problemas empalidezcan a la luz de la eternidad.

SALMO 32.8; LUCAS 10.41-42; FILIPENSES 3.20-21

Diciembre

Porque nos ha nacido un niño…
Estos serán sus títulos de realeza:
«Admirable», «Consejero», «Dios poderoso»,
«Padre eterno», «Príncipe de paz».

ISAÍAS 9.6

YO TE HE AMADO con amor sin fin, el cual fluye desde las profundidades mismas de la eternidad. Antes que nacieras yo ya te conocía. Piensa en el asombroso misterio de un amor que te abarca desde antes que llegaras a este mundo hasta más allá de la tumba.

El hombre moderno ha perdido la perspectiva de eternidad. Para no pensar en las fauces de la muerte se involucra en actividades y diversiones incesantes. La práctica de permanecer tranquilo en mi Presencia es casi un arte perdido no obstante que es lo que capacita al hombre para experimentar mi amor eterno. Tú necesitas tener la certeza de mi amorosa Presencia para cuando vengan las tormentas de la vida. En tiempos de pruebas difíciles aun la mejor teología puede ser incapaz de ayudarte si no está acompañada por un conocimiento práctico de mí. La mejor protección para no hundirse durante las tormentas de la vida es dedicar tiempo a desarrollar tu amistad conmigo.

JEREMÍAS 31.3; LAMENTACIONES 3.22-26

YO SOY EL PRÍNCIPE DE PAZ. Como dije a mis discípulos te lo digo a ti: *La paz sea contigo.* Como soy tu compañía constante puedes contar con mi paz en forma permanente. Mientras mantengas tu concentración en mí podrás experimentar mi Presencia y mi paz. Adórame como Rey de reyes, Señor de señores y Príncipe de paz.

Para que mis planes se hagan realidad en tu vida, necesitas mi paz en todo momento. Es posible que a veces te sientas tentado a tomar un atajo para alcanzar la meta lo antes posible. Pero si eso requiere volverle las espaldas a mi Presencia pacificadora, deberás decidirte por la ruta regular, aunque te resulte más larga. Anda conmigo por los caminos de paz; disfruta tu caminar en mi Presencia.

ISAÍAS 9.6; JUAN 20.19-21; SALMO 25.4

QUE NO TE SORPRENDAN los violentos ataques en tu mente. Cuando te esfuerces por encontrarme y vivir en mi paz no te dejes desalentar. Estás en medio de una guerra generalizada, espiritualmente hablando. El maligno aborrece tu cercanía conmigo y sus huestes demoníacas están decididas a destruir nuestra intimidad. Cuando te encuentres en lo más recio de la batalla, clama, diciendo: «¡Jesús, ayúdame!» En ese mismo instante, la batalla pasará a ser mía. Tu función es, simplemente, confiar en mí mientras peleo por ti.

Mi nombre, usado apropiadamente, tiene un poder ilimitado para bendecir y proteger. Al final de los tiempos, *todos se arrodillarán tanto en el cielo, como en la tierra, y debajo de la tierra.* Personas que han usado el nombre «Jesús» como una palabra mágica de pacotilla se desplomarán de terror en aquel pavoroso día. Pero todos los que han vivido cerca de mí al pronunciar confiadamente mi nombre *serán llenos de una gran alegría.* Esta es tu gran esperanza mientras esperas mi retorno.

EFESIOS 6.12; 1 SAMUEL 17.47;
FILIPENSES 2.9-10; 1 PEDRO 1.8-9

*MIS PENSAMIENTOS y conducta son radical-
mente diferentes a los de ustedes. Porque así como el
cielo es más alto que la tierra, mi conducta y mis pensamientos son más elevados que los de ustedes.* Cuando
vayas a pasar tiempo conmigo, recuerda quien soy.
Sorpréndete en la maravilla de estar en condiciones de
comunicarte con el Rey del universo en cualquier
tiempo y en cualquier lugar. Nunca te creas merecedor
de privilegio tan maravilloso.

Aunque mi altura y mi grandeza son incompara-
blemente mayores que tú, te estoy preparando para
que puedas «pensar» mis pensamientos. Mientras
pasas tiempo en mi Presencia, poco a poco mis pensamientos irán tomando control de tu mente. En este
proceso, el director es mi Espíritu. A veces, él trae ciertos versículos a la mente. A veces, te permite oírme
hablándote directamente. Esta comunicación te fortalece y te prepara para lo que sea que tengas que
enfrentar en el camino de la vida. Dedica tiempo a
escuchar mi voz. Si sacrificas tu precioso tiempo yo te
bendeciré mucho más de lo que te atrevas a pedir.

ISAÍAS 55.8-9; COLOSENSES 4.2; SALMO 116.17

DEJA QUE MI PRESENCIA se imponga a cualquiera otra cosa en tu vida. Como un velo luminoso, te cubro a ti y a todo lo que te rodee. Te estoy preparando para que seas consciente de que yo estoy contigo en cualquiera situación en la que te encuentres.

Cuando el patriarca Jacob huyó de la furia de su hermano, se echó a dormir en un paraje desolado poniendo una piedra como cabecera. Pero después de haber soñado con el cielo, los ángeles y la promesa de mi Presencia, despertó y dijo: «Sin duda alguna el Señor está en este lugar, y yo no lo sabía». Su descubrimiento no solo fue para él sino para todos los que me siguen. Cada vez que te sientas alejado de mí, di: «Sin duda el Señor está en este lugar». En seguida, pídeme que te haga consciente de mi Presencia. Esta es una oración que me deleito en contestar.

SALMO 31.20; GÉNESIS 28.11-16

PERMANECE SIEMPRE MUY CERCA DE MÍ y así no te desviarás del camino que he preparado para ti. Esta es la forma más eficiente de mantener el rumbo; es también la forma más grata. Los hombres tienden a multiplicar quehaceres en su observancia de la religión. Esta práctica los hace dar más dinero, más tiempo y hacer cosas sin permitirme decir qué es lo que yo más deseo de ellos: sus corazones. Las leyes pueden cumplirse mecánicamente. Una vez que se hacen rutinarias, se pueden cumplir con un mínimo de esfuerzo y casi sin pensar. Esta ley que tiene que ver con la formación de hábitos provee un falso sentido de seguridad, adormeciendo el alma en una especie de condición comatosa.

Lo que deseo de mis hijos es un alma despierta que se emocione con el gozo de mi Presencia. Yo creé a la humanidad para que me glorificara y disfrutara de mi compañía para siempre. Yo te doy el gozo; tu parte es glorificarme viviendo cerca de mí.

DEUTERONOMIO 6.5; COLOSENSES 3.23;
SALMO 16.11

YO ESTOY CONTIGO en todo lo que hagas. Incluso en la tarea más insignificante estoy siempre consciente de ti, preocupado por cada detalle de tu vida. Nada escapa a mi conocimiento, *pues hasta el último cabello de tu cabeza está contado.* Sin embargo, tu percepción de mi Presencia flaquea y vacila; como resultado, lo que experimentas en la vida se fragmenta. Cuando tu enfoque es lo suficientemente amplio para incluirme a mí en tus pensamientos, te sientes seguro y completo. Cuando tu percepción es tan estrecha que los problemas o detalles llenan tu conciencia, te sientes vacío e incompleto.

Aprende a mirarme firmemente en todo momento y circunstancia. Aunque el mundo sea inestable y fluctuante tú puedes experimentar continuidad mediante tu percepción ininterrumpida de mi Presencia. *Mantente firme, como si estuvieras viendo al Invisible,* como si un desfile del mundo visible pasara ante tus ojos.

MATEO 10.29-31; HEBREOS 11.27;
2 CORINTIOS 4.18

TUS NECESIDADES Y MIS RIQUEZAS se acomodan perfectamente. Nunca sugerí que fueras autosuficiente. Más bien te diseñé para que necesitaras de mí no solo para que te proveyera el pan diario sino también para satisfacer tus más íntimos anhelos. Yo elaboré cuidadosamente tus anhelos y sentido de imperfección para que te trajeran a mí. Por lo tanto, no trates de ocultar o negar estos sentimientos. Procura también no aquietar estos anhelos con dioses inferiores: personas, posesiones, poder.

Ven a mí en todas tus necesidades, con las defensas bajas y con el deseo de recibir bendición. Al pasar tiempo en mi Presencia, tus más profundos anhelos serán satisfechos. Alégrate en tu necesidad, la cual te permite encontrar íntima llenura en mí.

FILIPENSES 4.19; COLOSENSES 2.2-3

¿ESTÁS DISPUESTO a perder una extremidad por mí? Si por ahí es por donde yo te quiero llevar, es el lugar más seguro por el cual transitar. Tu deseo de vivir una vida sin riesgos es una forma de incredulidad. Tu deseo de vivir cerca de mí no compagina con tu intento de minimizar los riesgos. Te estás aproximando a un cruce de caminos en tu vida. Si quieres seguirme incondicionalmente tendrás que renunciar a tu tendencia a ir sobre seguro.

Permíteme guiarte paso a paso a través de este día. Si tu enfoque principal está en mí, podrás andar por lugares peligrosos sin miedo. Finalmente, aprenderás a confiar y a disfrutar la aventura de nuestro viaje juntos. Mientras permanezcas cerca de mí, mi Presencia soberana te protegerá a dondequiera que vayas.

SALMO 23.4; SALMO 9.10; JUAN 12.26

Diciembre 10

HAZME EL PUNTO FOCAL de tu búsqueda de seguridad. En tus pensamientos privados, sigues tratando de ordenar tu mundo para que sea predecible y te sientas seguro. Esto no solo es algo imposible sino también contraproducente a tu crecimiento espiritual. Cuando tu mundo privado se torna inestable y tú te agarras de mi mano para mantenerte en pie, estás viviendo en una dependencia consciente de mí.

En lugar de anhelar una vida exenta de problemas, gózate que las pruebas pueden recordarte la necesidad de estar consciente de mi Presencia. En las tinieblas de adversidad, podrás ver más claramente el brillo de mi rostro. *Que te dé gran alegría cuando pases por diferentes pruebas.*

ISAÍAS 41.10; SALMO 139.10; SANTIAGO 1.2

ESTOY TRABAJANDO PARA TI, de modo que tráeme todas tus preocupaciones incluyendo tus sueños. Háblame de todo cuanto desees, dejando que la luz de mi Presencia alumbre sobre tus esperanzas y planes. Pasa tiempo dejando que mi luz influya en tus sueños con vida transformándolos gradualmente en realidad. Esta es una forma muy práctica de colaborar conmigo. Yo, el Creador del universo, he condescendido para co-crear contigo. Pero no trates de acelerar este proceso. Si quieres trabajar conmigo tendrás que aceptar mis plazos. El apurarse no está en mi naturaleza. Abraham y Sara tuvieron que esperar muchos años para que se cumpliera la promesa que les hice. ¡La forma en que esperaron intensificó la alegría de tener el hijo prometido! *La fe es la seguridad de recibir lo que se espera, es estar convencido de lo que no se ve.*

SALMO 36.9; GÉNESIS 21.1-7; HEBREOS 11.1

ESTOY PREOCUPADO POR TI. Quiero que sientas el calor y la seguridad de estar envuelto en mi Presencia amorosa. Cada detalle de tu vida está bajo mi control. Además, *sabe que si amas a Dios, él hace que todo lo que te suceda sea para tu bien. Él te ha llamado de acuerdo con su propósito.*

Debido a que el mundo está en una condición anormal y caída, la gente tiende a pensar que lo que gobierna el universo es la casualidad. Es posible que algunas cosas parezcan ocurrir al azar, con un pequeño o ningún propósito. Los que ven el mundo de esta manera han pasado por alto un hecho básico: las limitaciones del entendimiento humano. Lo que conoces del mundo, tú que vives en él, es como la punta del témpano de hielo. Debajo de la superficie del mundo visible hay misterios tan vastos que no los comprenderías. Si solo pudieras ver cuán cerca estoy de ti y con cuánta constancia trabajo en tu favor nunca volverías a dudar de mi maravillosa preocupación. Esta es la razón por la cual debes *vivir por la fe, no por vista.*

ROMANOS 8.28; JOB 42.1-3; 1 PEDRO 5.7;
2 CORINTIOS 5.7

TOMA TIEMPO SER SANTO. La palabra *santo* no significa *incorrupto*; sino *separado para uso sagrado*. Esto es lo que produce dentro de ti esos momentos de quietud pasados en mi Presencia. Al concentrar tus pensamientos y tu corazón en mí estás siendo transformado: recreado para que seas aquel que originalmente diseñé. Este proceso requiere separar bloques de tiempo para practicar una comunión íntima conmigo.

Los beneficios de esta práctica son ilimitados. Permanecer en la luz de mi Presencia favorece la sanidad física y emocional. Al permanecer cerca de mí verás cómo se fortalece tu fe y mi paz te inunda. Disponte a recibir las muchas bendiciones que he preparado para ti. Llegarás a ser *templo del Espíritu Santo* limpio, capaz de hacer en y a través de ti *muchísimo más de lo que te puedes imaginar o pedir*. Estos son solo algunos de los beneficios de permanecer en silencio en mi Presencia.

2 TESALONICENSES 1.10; SALMO 27.4;
1 CORINTIOS 6.19; EFESIOS 3.20

DESCANSA EN MÍ, HIJO MÍO, olvidándote de las aflicciones del mundo. Concéntrate en mí, Emanuel, y deja que mi Presencia viviente te recubra con mi paz. Sincronízate con mi seguridad eterna porque *yo soy el mismo ayer, hoy y por los siglos*. Si tú vives en la superficie de la vida concentrado en los fenómenos siempre cambiantes, te vas a encontrar repitiendo las palabras de Salomón: «*Nada vale la pena, todo es vano*».

Vivir en colaboración conmigo es la forma de dar sentido a tus días. Comencemos cada día tú y yo y así podrás experimentar la realidad de mi Presencia. Al pasar tiempo conmigo se te irá abriendo paso a paso el camino delante de ti. Levántate de tu quietud de nuestra comunión y comienza tu jornada del día en forma gradual. Sujeta mi mano en deliberada dependencia de mí y yo allanaré tu camino.

HEBREOS 13.8; ECLESIASTÉS 1.2;
PROVERBIOS 3.6

TU ANHELO POR EL CIELO ES BUENO porque es una extensión de tus ansias por mí. La esperanza del cielo te fortalece y te da nuevos ánimos llenándote con un gozo maravilloso. Muchos cristianos han entendido mal la palabra *esperanza*, creyendo que denota un pensar deseoso. ¡Nada más alejado de la verdad! Tan pronto como llegué a ser tu Salvador, el cielo se transformó en tu destino final. La frase *esperanza del cielo* destaca los beneficios que puedes disfrutar estando aun en la tierra. Esta esperanza te mantiene espiritualmente vivo durante los tiempos oscuros de adversidad; ilumina tu camino y aumenta tu seguridad de mi Presencia. Mi deseo es que puedas *rebosar de esperanza por el poder del Espíritu Santo.*

ROMANOS 8.23-25; HEBREOS 6.18-20;
ROMANOS 15.13

ESTOY HABLANDO en las profundidades de tu ser. Guarda silencio y así podrás oír mi voz. Yo hablo con el lenguaje del amor; mis palabras te llenan con vida y paz, gozo y esperanza. Mi deseo es hablar con todos mis hijos pero muchos están demasiado ocupados para escuchar. La «ética del trabajo» los tiene atados y entrabados. Se someten incondicionalmente a este amo y luego se preguntan por qué se sienten tan distantes de mí.

Vivir cerca de mí requiere que *me ames como al principio* y hagas de este amor tu máxima prioridad. Al buscar mi Presencia por sobre todas las cosas experimentarás paz y gozo en medida llena. Yo también soy bendecido cuando me haces el primero en tu vida. Mientras avanzas en mi Presencia, *mi gloria resplandecerá* sobre ti.

ISAÍAS 50.4; APOCALIPSIS 2.4; ISAÍAS 60.2

VEN A MÍ con tu vacuidad sabiendo que en mí estarás completo. Mientras reposas quietamente en mi Presencia, mi luz dentro de ti brillará más y más. Enfrentar el vacío que hay dentro de ti no es más que el preludio de ser lleno con mi plenitud. Por lo tanto, regocíjate en aquellos días cuando saltes de la cama sintiéndote sin ganas de hacer nada. Dite, con la inocencia de un niño, que este es un día perfecto para depender de mí. Si perseveras en esta dependencia mientras avanza el día vas a descubrir al tiempo de irte a dormir que el gozo y la paz han llegado a ser tus compañeros. Quizás no te des cuenta en qué punto del viaje se te unieron pero sentirás los efectos beneficiosos de su presencia. El final perfecto para un día así es una doxología de gratitud. Yo soy aquel de quien todas las bendiciones fluyen.

2 CORINTIOS 4.6; MATEO 5.3, 6;
COLOSENSES 2.9-10; SALMO 150.6

CUANDO TE SIENTAS ASEDIADO por un problema que no te deja, quiero que lo veas como una excelente oportunidad. Un problema persistente es como un tutor que siempre está a tu lado. Las posibilidades de aprender están solo limitadas por tu disposición a que se te enseñe. Por fe dame gracias por ese problema. Pídeme que abra tus ojos y tu corazón a todo lo que quiero lograr a través de esta dificultad. Una vez que te sientas agradecido por el problema, éste perderá su poder de arrastrarte hacia abajo. Por el contrario, tu actitud de agradecimiento te alzará hasta lugares celestiales conmigo. Desde esta perspectiva, tus dificultades se pueden ver como *pequeños y pasajeros sufrimientos que producen una gloria eterna más grande y abundante.*

ISAÍAS 30.20-21; 2 CORINTIOS 4.17

NO TE SIENTAS AGOBIADO por la confusión en tu vida: esa cantidad de pequeñas tareas por hacer en algún momento sin un orden determinado. Si dedicas demasiada atención a estas pequeñas cosas, tratando de quitártelas del camino vas a descubrir que son interminables y que te pueden consumir mucho más tiempo del que puedes dedicarles.

En lugar de tratar de hacer todo ese trabajo de una sola vez, escoge la que se requiere que atiendas hoy y las demás ponlas en el fondo de tu mente para que así yo pueda permanecer en el frente de tu conciencia. Recuerda que tu meta final es vivir cerca de mí y reaccionar a mis iniciativas. Podré comunicarme rápidamente contigo cuando tu mente esté despejada y haya regresado a concentrarse en mí. Busca mi rostro a lo largo de este día. Deja que mi Presencia traiga orden a tus pensamientos, poniendo paz en tu ser entero.

PROVERBIOS 16.3; MATEO 6.33

CUANDO ME UNÍ A LA RAZA humana naciendo en las condiciones más humildes, oculté mi gloria a todos, salvo unos pocos. Ocasionalmente, fluían de mí algunos destellos de esa gloria, especialmente cuando empecé a hacer milagros. Hacia el final de mi vida, fui vituperado y tentado a hacer uso de más de mi impresionante poder que el plan de mi Padre me permitía. Pude haber llamado a legiones de ángeles para que me rescataran. ¡Imagínate el grado de autocontrol que requiere un mártir para no librarse de la muerte que le espera! Todo esto fue necesario para hacer efectiva la relación conmigo que ahora gozas. Deja que tu vida se transforme en una canción de alabanza a mí al proclamar mi gloriosa Presencia en el mundo.

JUAN 2.11; LUCAS 23.35-36; SALMO 92.1-5

MI PLAN PARA TU VIDA se despliega ante ti. A veces el camino por el cual vas parece que estuviera bloqueado o resulta tan difícil transitarlo que tienes que detenerte y esperar. Y cuando llega el momento, de pronto la vía se despeja sin que hayas hecho ningún esfuerzo. Todo lo que habías deseado y por lo cual trabajaste te lo presento libremente, como un regalo de mi parte. Te sientes sorprendido por la forma tan fácil como actúo en el mundo, lo que te permite vislumbrar *mi fortaleza y mi gloria.*

Que no te atemoricen tus debilidades porque es cuando mi poder y mi gloria brillan más. En la medida que perseveres en el camino que he preparado para ti, dependiendo de mi fortaleza que te sostiene, espera ver milagros. Y los verás. No siempre los milagros son visibles al ojo desnudo pero quienes *viven por fe* pueden verlos claramente. *Esto lo sabemos por la fe, no por vista* lo cual te capacita para que veas mi gloria.

SALMO 63.2; 2 CORINTIOS 5.7; JUAN 11.40

VEN A MÍ y descansa en mi Presencia. Al reflexio-
nar sobre el misterio majestuoso de la encarnación,
descansa en mis brazos eternos. Yo soy la única persona que haya existido jamás que ha sido engendrada
por el Espíritu Santo. Esto está más allá de tu com-
prensión. En lugar de tratar de entender intelectualmente mi encarnación aprende del ejemplo de los
reyes magos. Ellos se dejaron guiar por una estrella
maravillosa y cuando me hallaron, me adoraron con
toda humildad.

La alabanza y la adoración son la mejor respuesta
a lo maravilloso de mi ser. Canta alabanzas a mi santo
nombre. Contémplame en adoración silenciosa.
Busca la estrella que guía tu propia vida y síguela dondequiera que te conduzca. Porque esto es así *gracias a
mi gran misericordia, ya que envié desde el cielo el sol de
un nuevo día para dar luz a los que viven en tinieblas y
en la más terrible oscuridad; para guiar tus pasos por el
camino de la paz.*

LUCAS 1.35; JUAN 1.14; MATEO 2.9-11;
LUCAS 1.78-79

¡YO SOY REY DE REYES y Señor de señores que habito en luz tan deslumbrante! También soy tu pastor, tu compañero y tu amigo, que nunca dejará que te sueltes de mi mano. Adórame en mi santa majestad; acércate y descansa en mi Presencia. Me necesitas como Dios tanto como hombre. Solo mi encarnación en aquella primera y lejana Navidad podría satisfacer tu necesidad. Ya que llegué a esa medida tan extrema para salvarte de tus pecados debes estar seguro que *te daré, también, junto conmigo, todas las cosas.*

Alimenta bien tu confianza en mí como Salvador, Señor y Amigo. No me he guardado nada de lo que tenía para ti. ¡Más bien, me he dignado vivir dentro de ti! Regocíjate en todo esto y mi luz brillará a través de ti en el mundo.

1 TIMOTEO 6.15-16; SALMO 95.6-7;
ROMANOS 8.32; 2 PEDRO 1.19

TE HABLO desde las profundidades de la eternidad. *Antes que la tierra fuera formada, yo era Dios sin principio ni fin.* Me escuchas en lo profundo de tu ser donde he hecho mi residencia. *Estoy en ti y soy tu esperanza de gloria.* Yo, tu Señor y Salvador, estoy vivo dentro de ti. Aprende a conectarte con mi Presencia viviente buscándome en silencio.

Al celebrar la maravilla de mi nacimiento en Belén, celebra también tu renacimiento a vida eterna. Este regalo perdurable fue el único propósito de mi llegada a este mundo manchado por el pecado. Recibe este mi regalo con recogimiento y humildad. Dedica tiempo a explorar las vastas dimensiones de mi amor. Deja que la gratitud fluya libremente desde tu corazón en respuesta a este regalo glorioso que te he hecho. *Que mi paz reine en tu corazón y sé agradecido.*

SALMO 90.2; COLOSENSES 1.27;
COLOSENSES 3.15

MIENTRAS ESPERAS atentamente en mi Presencia, *el resplandor de mi gloria brilla* sobre ti. Este conocimiento radiante trasciende todo entendimiento y transforma cada fibra de tu ser renovando tu mente, purificando tu corazón, fortaleciendo tu cuerpo. Sé sensible completamente a mi Presencia. Sobrecógete ante mi ser glorioso.

Trata de imaginarte lo que renuncié cuando vine a la tierra como un bebé. Hice a un lado mi gloria para poder identificarme con la humanidad. Acepté las limitaciones de la infancia bajo las condiciones más aterradoras: un establo inmundo. Aquella fue para mí una noche oscura aun cuando ángeles iluminaron el cielo proclamando «¡Gloria!» a unos asombrados pastores.

Cuando te sientes en silencio conmigo, el proceso por el que pasé se revertirá en tu experiencia. Al identificarte conmigo las perspectivas del cielo se abrirán ante ti, permitiéndote vislumbrar mi gloria. *Me hice pobre para que mediante mi pobreza, tú te hicieras rico.* ¡Canta aleluyas a mi nombre santo!

2 CORINTIOS 4.6; FILIPENSES 2.6-7;
LUCAS 2.13-14; 2 CORINTIOS 8.9

YO SOY EL REGALO que se da continua y abundantemente sin ningún tipo de restricciones. El amor incondicional es un concepto radical que aun mis seguidores más devotos no logran entender a cabalidad. Absolutamente nada, ni en el cielo ni en la tierra puede hacer que deje de amarte. Quizás te sientas más amado cuando estás desempeñándote según tus expectativas. Pero mi amor por ti es perfecto; por lo tanto, no está sujeto a variación. Lo que puede variar es tu percepción de mi amorosa Presencia.

Cuando estás insatisfecho con tu conducta tiendes a sentirte indigno de mi amor. Es posible que inconscientemente te castigues alejándote de mí y atribuyendo la distancia entre nosotros a mi disgusto. En lugar de regresar a mí y recibir mi amor, tratas de ganarte mi aprobación mediante grandes esfuerzos. Al mismo tiempo, yo estoy deseando mantenerte en mis *brazos eternos* para envolverte en mi amor. Cuando te sientas indigno o no amado, ven a mí. Luego pídeme que te reciba con mi *amor perfecto*.

1 JUAN 4.15-18; DEUTERONOMIO 33.27; SALMO 13.5

TE ESTOY PREPARANDO para lo que vas a encontrar más adelante, en el recodo del camino. Dedica tiempo a estar tranquilo en mi Presencia de modo que pueda fortalecerte. Mientras más ocupado estés, más necesario será este tiempo separado conmigo. Muchos piensan que el tiempo pasado conmigo es un lujo que no se pueden permitir. Como resultado, viven y trabajan en sus propias fuerzas hasta que caen rendidos. Entonces, o claman a mí por ayuda o se alejan amargados.

Cuánto mejor es caminar cerca de mí dependiendo de mi fuerza y confiando en mí ante cada situación. Si vives de esta manera, harás *menos* pero *conseguirás* mucho más. Mantendrás tu caminar reposado en medio de un mundo que corre enloquecido. Es probable que algunos te cataloguen de flojo pero muchos más serán bendecidos por tu serenidad. Anda en la luz conmigo y me proyectarás a un mundo que te observa.

ISAÍAS 64.4; JUAN 15.5; SALMO 36.9

YO SOY TU AMPARO Y TU FUERZA, tu *pronta ayuda en tiempos de tribulación. Por eso, no temerás* a nada, ni siquiera a circunstancias cataclísmicas. Los medios están dedicando más y más espacio a asuntos que infunden miedo: terrorismo, asesinos en serie, catástrofes medioambientales. Si concentras tu atención en estas cosas y te olvidas que yo soy tu refugio en toda circunstancia, vas a ser presa del terror. Yo manifiesto cada día mi gracia en incontables lugares y situaciones, pero los medios no se dan cuenta. En tu planeta derramo no solo bendiciones sino también milagros.

Mientras más te acerques a mí, más abriré tus ojos para que veas mi Presencia alrededor tuyo. Cosas que la mayoría difícilmente notará, como alternar sombras y luz, te llenarán el corazón de gran gozo. Tú tienes ojos que ven y oídos que oyen, así es que proclama mi presencia permanente en el mundo.

SALMO 46.1-3; SALMO 89.15

¡CONFÍA EN MÍ con cada fibra de tu ser! Lo que pueda lograr en y a través de ti es proporcional a cuánto dependas de mí. Un aspecto de esto es el grado de confianza que me tienes cuando se presenta una crisis o tienes que hacer una decisión especialmente grande. Algunas personas fallan lamentablemente en esto mientras otras enfrentan muy bien los tiempos difíciles. Otro aspecto es aun más contundente: la perseverancia de tu confianza en mí. La gente que confía en mí en medio de la adversidad tiende a olvidarme cuando la vida transcurre suavemente. Los tiempos difíciles pueden sacudirte para que estés consciente que me necesitas mientras que cuando *la navegación es suave* eso te puede inducir a caer en el letargo de la autosuficiencia.

Yo me preocupo tanto por tus pequeños pasos de confianza en la vida diaria como por tus dramáticos saltos de fe. Quizás pienses que nadie se da cuenta, pero yo, que siempre estoy a tu lado, me doy cuenta de cada cosa. Y me regocijo. Confiar, en forma consecuente, en mí es vital para prosperar en mi Presencia.

SALMO 40.4; SALMO 56.3-4; SALMO 62.8;
ISAÍAS 26.3-4

TE ESTOY DIRIGIENDO a lo largo de un camino que ha sido diseñado especialmente para ti. Mientras más cerca estás de mí, más completo es tu verdadero yo, el que diseñé. Debido a que eres único, el camino por el cual vas transitando conmigo diverge definitivamente del de otros. Sin embargo, en mi misteriosa sabiduría y procedimientos te capacito para que sigas este camino solitario mientras te mantienes en estrecho contacto con otros. De hecho, mientras más te dediques a mí, más libremente podrás amar a los demás.

Maravíllate por la belleza de una vida entretejida con mi Presencia. Gózate mientras vamos adelante en íntima comunión. Disfruta la aventura de encontrarte perdido en mí.

2 CORINTIOS 5.17; EFESIOS 2.10;
1 JUAN 4.7-8; JUAN 15.4

AHORA QUE NOS ACERCAMOS AL FIN DE ESTE AÑO, recibe mi paz. Esta sigue siendo tu más profunda necesidad y yo, tu *Príncipe de paz*, ansío derramarme en tu necesidad. Mi abundancia y tu vacuidad se complementan en forma perfecta. Yo te diseñé para que no fueras autosuficiente. Te creé como una *vasija de barro*, separada para uso sagrado. Quiero que te llenes de mi ser, impregnado completamente de mi paz.

Dame gracias por mi apacible Presencia a pesar de cómo te has sentido. Susurra mi nombre con amorosa ternura. *Mi paz*, que vive continuamente en tu espíritu, obrará gradualmente a través de tu ser entero.

ISAÍAS 9.6; 2 CORINTIOS 4.7; JUAN 14.26-27